Toucher terre

Florence Besson

Toucher terre

récit

Flammarion

ISBN : 978-2-0814-4659-5

À Gribouille, Nougat
Et Djoux.
Et à tous les autres.

« Je crois au monde comme à une pâquerette,
parce que je le vois. [...]
Le monde ne s'est pas fait pour que nous
pensions à lui (penser c'est aussi avoir mal
aux yeux) mais pour que nous le regardions
avec un sentiment d'accord... »

Le Gardeur de troupeaux,
Fernando Pessoa.

« Ce dont on te prive, c'est de vents,
de pluies, de neiges, de soleils, de montagnes,
de fleuves, et de forêts : les vraies richesses
de l'homme ! [...]
Au fond de tes plus obscures veines,
tu as été fait pourtout. »

Les Vraies Richesses,
Jean Giono.

Sommaire

Le saut

Un jour, mon frère m'a emmenée faire un saut en parachute. L'idée était, je crois, d'agripper la vie comme lui, vaillamment, d'enlacer l'horizon ; il espérait aussi me consoler de mes amours complexes.

La veille, j'avais fait la fête, comme j'appelais ces brèves noyades, dans un château, une nuit blanche. Au matin dans les airs mes jambes au beau milieu des nuages, je me sentais absurde avec ma petite veste en cuir, mes baskets. Une tenue de bitume, pas de cerf-volant. Nous nous balancions à mille mètres au-dessus du sol, presque à l'arrêt au-dessus de la terre, suspendus à pas grand-chose. J'ai paniqué. J'ai essayé de me détacher de mon instructeur, je répétais : « Laissez-moi descendre, je veux descendre, je veux que mes pieds touchent le sol, je veux toucher terre. »

Je crois que je ne savais pas, alors, ce que cela voulait dire.

Je commence ce livre devant une fenêtre ouverte, dans une ancienne bergerie de Toscane aux murs de brique que chatouillent les aubépines. Dehors, derrière la porte vitrée de bois sombre qui a vu passer mille petits pieds, mille orteils heureux, libres sur les dalles rouges, et ne doit plus s'étonner d'entendre à chaque fois des « oh » de joie, j'entrevois la treille de vigne sous laquelle j'ai bu un grand café avec des tartines grillées de confiture à l'orange, la pelouse qui descend vers des champs d'oliviers gris-vert, inquiets, tortueux, encore éprouvés par l'orage d'hier et, devant moi par la fenêtre, dans le prolongement de mon bureau, s'ouvre à deux battants un bout du monde. Des collines. Six vagues de prairies et de champs, de chênes et châtaigniers – ou peut-être d'autres arbres ? – de plus en plus bleutées à mesure qu'elles s'éloignent de moi, qu'elles m'attendent pour me donner la mer. Il y a un champ, où des brebis se déplacent au loin comme des pierres blanches mouvantes, il y a des bosquets qui, en ce plein été, ont déjà donné leurs fleurs. Et je voudrais que tout cela soit mien. Non pas mien parce que je le possède – l'idée m'a traversé l'esprit à peine avais-je passé le portail de bois, au bout d'un chemin de terre cahoteux – mais non, je ne veux pas le posséder en esclave, avec ce moyen facile dont on acquiert toute chose aujourd'hui, d'un coup de carte, de sabre d'or, rapide, féroce. Je voudrais que ce soit mien parce que j'en connaîtrais les jeux, les habitudes, les charmes, le chant des oiseaux, le bruit du vent dans chaque branche, mien parce que je saurais les blessures, la rudesse de l'hiver qu'il aura fallu traverser pour, cette année encore, donner ces grappes aux raisins ronds, mien par désir, par soif d'apprendre, tout tenter de comprendre, mien par amour. Je voudrais être là une année entière à prendre soin des sentiers, des talus, des murets. Être là pour connaître le fruit des saisons. Que ces collines me voient, une couverture sur les épaules et les pieds dans de mauvaises charentaises fourrées, une soupe fumante à mes côtés, comme elles me voient la peau bronzée, en robe légère, au bout d'un été sur les plages.

Je suis une fille des sables. De l'océan. Du gris. Du vent. Je suis née à Bayonne, emmenée par mon grand-père, avant chacun de mes retours de Paris, faire le tour des plages pour retrouver la famille. Ma famille, pour cet homme au cœur battant qui saluait les belles vagues en ôtant sa casquette, c'étaient aussi, me laissait-il entendre dans un sourire complice, ces étendues de sable déchirées de rochers, cet océan bleu, vert, gris, brun, qui volait jusqu'en Espagne, c'étaient les monceaux d'écume qui venaient s'abattre sur nos silhouettes toutes étourdies de rires. Nous allions peu dans les terres. Ma terre, elle, était grise, bitume, ardoise, ma terre était sous terre, métro, boîtes de nuit, parkings, même sous des draps je me planquais, à Paris. Il y a peu j'habitais une mansarde, il y pleuvait les soirs d'orage et j'aimais devoir me tenir sage en biais dans mon lit pour ne pas déranger la casserole qui recueillait les gouttes de pluie tombées du plafond. Comme un appel de la nature.

« Tu m'as tellement manqué ! » avais-je envie de lui crier.

Aujourd'hui ma mansarde est plus confortable, mais je me fiche d'avoir un étage de béton en haut d'un café chic. Je veux retrouver la vie. Je veux connaître le nom des plantes, je veux prendre soin d'un morceau de terre, je veux connaître le monde qui est le mien, dont je suis, le connaître pour mieux l'aimer. Pour l'aider, pour demander pardon, même, d'y avoir vécu sans le voir, d'avoir tant reçu de lui sans jamais rendre grâce, pour tenter, goutte d'eau dans l'océan mais et alors ?, de le sauver puisque c'est atrocement de cela dont il s'agit maintenant. Je veux l'embrasser de toutes mes mains de toutes mes jambes, de mes narines grandes ouvertes je veux le sentir.

Ce livre raconte l'histoire d'une femme éperdument amoureuse d'une courgette et d'un criquet. Ce livre raconte, j'espère, une drôle d'aventure parmi des gens rêveurs et réalistes et la tentative maladroite d'un être humain pour se rendre utile, pour redevenir un homme, une digne bête.

Le placard

J'hésite.
J'ai envie d'un café.
Mais il ne faut pas.
Il paraît que c'est extrêmement mauvais pour la santé, le café. J'ouvre malgré moi le tiroir où je l'ai planqué : il est plein à ras bord de trucs bizarres, de graines étranges dont j'ignore le nom, la provenance et ce qu'il faut en faire, mais j'ai lu quelque part qu'elles me seraient bénéfiques. Je m'empare du petit pot de verre avec écrit dessus Nescafé, le pose sur le plan de table, avale ma salive. Nestlé aurait fait des choses terribles – « sombres et louches », ils disent sur Internet, j'ai regardé : en Inde, ils auraient vendu des nouilles au plomb, en Chine, du lait frelaté, des gens seraient morts. Ce n'est pas pour moi qu'ils vont s'embêter. En plus, ça me file de la tachycardie, le café lyophilisé. Oui mais j'aime ça. Arghhhhhh. Ça y est mon cœur s'affole.

Assis près du tiroir où je range ses croquettes, Gribouille, lui, attend calmement que je remplisse son bol. Il sait avant moi où me mènent mes pieds. Je verse, chasse de ma tête l'idée que chacune de ces petites boules marron contient un millième de chair de canard, élevé sur du grillage avec des millions d'autres, dans le noir, sans respirer autre chose que l'odeur de la fiente et des cadavres entassés. Mais qu'est-ce que j'y peux.

À la fenêtre, le jour a l'air d'hésiter lui aussi, de ne pas vouloir se réveiller. La façade de l'immeuble d'en face, les toits, les nuages tout est jaune-gris. Quelqu'un a éteint la lumière.

Un coup de klaxon me fouette la nuque.

Allons allons.

Je regarde la pendule du four : 9 h 20…

Bon, je range le bocal. Déjà que je me lève tard… Je vais me presser un citron : d'après les filles de Hollywood c'est bon pour le foie, le teint, la vie, de s'en presser un dans de l'eau chaude chaque matin. La mort s'éloigne un peu avec sa faux.

Je choisis parmi ma collection de mugs – rennes suédois ? Pape François ? Fleurs anglaises ? *I Love New York* ? – tous made in China, j'ouvre mon réfrigérateur – un truc obèse, pour festins américains –, il est vide : une bouteille de champagne rosé, des confitures, une vieille soupe thaïe, du parmesan et trois citrons. Ouf. Ils sont là.

En attendant que l'eau boue j'arrose des plantes qui gisent à demi. Trop ?

Je fais semblant d'ignorer les vingt-trois livres de cuisine qui me regardent de travers : il est écrit sur leur tranche qu'en suivant leurs instructions je pourrais faire des soupes, des risottos, des petits pains, des poissons comme chez Ducasse. Ce serait bien. Mais moi, quand j'ai faim, j'appelle Sushishop.

Je m'assieds à la table en bois, danoise, où j'ai appris à écrire, et grignote une biscotte avec du fromage de brebis parce que la nutritionniste dit que c'est nécessaire pour mon corps puisque j'ai arrêté le steak frites et toute viande à jamais depuis que j'ai vu des animaux écartelés vifs à la télé et que pour les nourrir on déforeste plein pot que la planète brûle qu'il fait 40 degrés en ce mois de juin et cetera et cetera. J'adorais ça pourtant. Parfois, le goût d'un tournedos Rossini me remonte comme une bouffée de chaleur et j'en rougis. Mais je ne peux plus. J'ai vu les images, les yeux révulsés, les tortures médiévales sur un pauvre petit agneau, j'ai entendu les cris, non, je ne peux plus. Et puis c'est bon pour ma santé, les légumes.

Je n'allume pas la radio pour écouter « les nouvelles ». À peine dix minutes que je suis sortie du lit et j'ai déjà tellement de soucis.

Sur Instagram, je surveille un peu si l'on m'aime : pas beaucoup. Tant pis. Dereck Blasberg, lui, a l'air hyper heureux. Et que dire d'Helena Christensen, dont je voudrais la maison, les vêtements, la tête et le corps.

Allons. Courage !

J'habite à Paris, j'ai de la chance.

Je file vers la salle de bains, repasse par ma chambre, devant le piano où m'attendent les barres de mesure de la *Mélodie hongroise*, calées près d'une trentaine de partitions qui se sont tues.

Mes pieds sur la moquette blanche alors que mon chat est noir, je pense au prix que cela me coûterait de la changer, à l'ennui que ce sera. J'y pense très peu, c'est juste une impression, chaque matin, de trop.

Il y a de plus en plus de trop, dans ma vie.

J'entre dans la salle de bains aux carreaux verts venus d'Italie, faits main, avec des meubles Ikéa. Et des toilettes venues du Japon. Un mois de salaire voire deux. Mais un jet d'eau si on le souhaite et une lunette chauffante. Un petit bonheur.

Je ne me pèse pas.

Sur mon portable – à peine deux likes, mon ami Édouard est au défilé Chanel, Emma Stone aussi, elle a l'air hyper contente –, il est déjà dix heures. Le temps file sans moi on dirait. Je voudrais m'enfouir dans un bain chaud. Mais c'est mauvais pour la planète alors je prends une douche.

Sur le rebord de la baignoire, des dizaines de produits au garde à vous me recommandent, entre autres, de faire un gommage – oui mais les microbilles de plastique, une fois dans la mer, polluent énormément et je ne veux pas étouffer un dauphin, ni même une daurade –, de prendre soin de mes pointes de cheveux… Tant pis. On ne peut pas, dans la vie, se préoccuper de tout.

Je m'enrobe dans une serviette en bambou – il faut que j'achète une brosse à dents en bambou !, on voit flotter des brosses à dents de plastique jusqu'aux sources du Zambèze – et contemple les derniers cadeaux du service beauté de ma rédaction : vingt-cinq tubes, pots, flacons. Gelée qui repulpe, sérums qui rajeunissent, sorbet pour les yeux, gommage délicieux, lait « fermeté structure ». Je suis perdue. Me rabats sur une crème toute sotte, étale sur mes lèvres un baume certifié « *crualty free* »… Mais alors, les autres ? J'ai envie de tout jeter mais une question grimpe dans mon esprit : ne vaut-il mieux pas que ces chimisteries aillent sur ma peau plutôt que de finir dans la terre, dans la mer ? Qui de nous est le plus menacé, le poisson ou moi ? J'existe en tant d'exemplaires…

Une autre question jaillit : est-ce que, quand je serai morte, je serai un produit toxique ?

Je m'observe : mes ongles ne sont pas bien faits, il faut que j'aille chez le coiffeur, j'ai un peu grossi, j'ai trop mal au dos pour me passer de la crème sur les pieds, j'ai vieilli, il faut que je fasse du sport. La mort se rapproche…

Je me lave les dents avec un dentifrice Aquafresh 3 dont les bienfaits sont indiqués en russe et en turc, je crois. Pourquoi triple action ? Mon dentifrice est plus fort que moi. Je teste un produit puisqu'il est là, un truc « prouvé : le regard est ouvert, naturellement beau ». J'éprouve une petite haine, un vague mépris, pour les centaines de cadres dynamiques, les milliers d'heures de réunions creuses de PowerPoints qui ont pondu « le regard est ouvert ». J'essaie. Oui, j'ai les yeux ouverts... Je ne sais pas trop quoi penser. Ne pensons rien, ça soulage. Je rajoute du mascara.

Cinq minutes plus tard, il est déjà dix heures et demie. Je me sens en retard, sans savoir pourquoi. En retard en général, en retard dans la vie. Les autres courent depuis plus de deux heures.

La vie est trop dure ce matin : allez, je me fais un café. Et le bois presque en secret de moi-même, assise sur mon canapé, les yeux dans le journal. C'est aussi mon travail, de lire le journal : je suis journaliste. Quelle chance. Quoique... Je me rêve en Superman, un jour, je pousse les lecteurs à s'intéresser au sort des Yéménites, le lendemain, je persuade le gouvernement de prendre des mesures pour protéger les enfants battus. Ça n'arrive pas. Un séisme a fait trente mille morts quelque part. Il y aurait de plus en plus d'enfants autistes. D'autres naissent sans bras, à cause de solvants et de pesticides, dit-on. La planète « brûle vraiment, le GIEC le confirme ». En 2050, on aura déversé plus de déchets qu'il n'y a de poissons dans les mers. Ce genre de « nouvelles », je m'y suis habituée – par quel mécanisme ? – à leur tourner le dos. J'ai essayé, un temps, d'émouvoir le chaland, j'ai écrit sur tout, de l'abeille à l'éléphant, qui puisse l'alerter sans trop lui faire peur. Je suis allée en Antarctique voir si les manchots mouraient bien de faim. Oui, certains oui. J'étais là, devant l'horizon le plus éblouissant qu'il me sera donné de voir, des eaux d'un bleu fluorescent, des terres qui n'appartiennent qu'aux cormorans, aux albatros, aux orques noir et blanc et je me sentais sale sur mon bateau à touristes. Un violeur d'ange. Tout ça pour « informer ». Quand s'est-on mis à croire que cela suffisait, d'être « informé » ? Que cela tenait lieu d'agir ? Des gens se battent, un combat se mène et je suis à l'arrière. Coincée sur mon canapé devant une redif de *Friends*, parce qu'il faut bien rire un peu, quand même.

Allons allons.

Mon but : trouver des sujets qu'aimera ma rédactrice en chef. Payer mon loyer. Ne pas finir dans un mobil-home. Ça arrive. Je le sais. J'ai interviewé des gens.

Je fais une liste de ce que je dois faire.

C'est beaucoup.

Je n'y arriverai jamais.

Mais si.

J'essaie de m'envoyer des pensées positives.

Je me sens bête avec mes exercices de respiration par le ventre.

Mais non.

Allons allons.

Ma rédactrice en chef attend mes idées d'articles brillants et joyeux. Je propose : un portrait de l'épouse du dictateur du Nicaragua – sordide mais exotique –, un autre de Claire Nouvian, femme admirable qui a reçu le prix Goldman pour l'environnement après avoir réussi à faire interdire le chalutage en eau profonde puis la pêche électrique, et un dernier sur la rue de Rivoli qui redevient à la mode, c'est à côté, ça fait plaisir. Je tourne et retourne les phrases. Avoir l'air enthousiaste. De travailler. Ne pas avoir l'air d'avoir besoin. Je me souviens de la semonce d'un comptable, lors d'un de mes premiers boulots : « Toi, à force de vouloir être payée pour ton travail, un jour tu ne travailleras plus ! » Être redevable. Savoir que c'est déjà énorme d'avoir un boulot. Ailleurs, les gens sont bien plus malheureux. Même que c'est vrai. Je le sais je l'ai lu je l'ai vu à la télé.

Je finis d'envoyer mon mail. Non, je ne me recouche pas devant *Batman Begins*. J'aimerais, ça me fait du bien, les histoires de super héros.

Je fais mon lit. Tapote les coussins bourrés de plumes d'oie – combien d'oies ? N'y pensons pas. Déplisse mon drap-housse en coton (déforeste-t-on aussi pour le coton ? La viscose serait fabriquée dans des conditions abominables). Je me prends le pied dans l'un de mes quatre chargeurs de téléphone. L'impression de vivre dans une décharge.

Et maintenant ? Je n'ai pas vraiment, moi, de patron, de RTT, d'horaires, de pauses-café, je pourrais prendre le temps de lire. Quelque chose me retient. Comme si ce n'était pas raisonnable de s'arrêter.

Je regarde ma bibliothèque. C'est mon île : un jour, j'arrêterai de courir après je-ne-sais-quoi, je partirai à la campagne ou au bord de la mer, je prendrai des trains au hasard qui me porteront à Moscou, dans un transsibérien, dans un port de Hollande, on me verra heureuse à bicyclette, dans des bars de marins, au sommet d'une montagne magique peuplée de psychanalystes et de mirliflores en polaires. Et je lirai ces livres. De nouveau ou pour la première fois.

Sur ma table de chevet, j'ai quatre-vingt-deux livres. Je ne lis plus. Le plus gros c'est Raymond Aron, l'intégrale, pour épuiser mes insomnies et rehausser ma lampe et Montaigne, mais c'est en vieux français, illisible – j'y ai glissé des lettres de ma grand-mère : les enveloppes débordent de partout, on dirait qu'elles font respirer le volume, qu'il bat gros comme un cœur. Il y a la Bible, que je crains de ne jamais finir. Une anthologie de la poésie française par Georges Pompidou et trente-sept autres recueils de poèmes, cinq ou six Balzac, l'*Énéide* parce qu'il paraît que c'est bien mais je trouve ça nul mais je devrais pas alors j'insiste, un livre sur Montaigne pour quand je l'aurai lue, pléthore de volumes sur le temps pour comprendre pourquoi je n'ai pas celui de les lire, Schopenhauer sur l'art d'être heureux mais je ne crois pas qu'il le fut, Colette et… les œuvres complètes de Flavius Josèphe. La seule chose que je feuillette, le soir avant d'éteindre la lumière, parce que le monde en 50 après Jésus-Christ m'apaise. L'histoire n'avait pas encore commencé. Ou juste un peu, comme un conte. On dirait qu'il n'y avait que deux trois trucs à savoir. Deux trois trucs à redouter.

Je m'autorise comme des vacances, un bout d'été volé, de m'asseoir une seconde au piano : je tente la *Mélodie hongroise.* Mais ne fais que des fausses notes. Est-ce parce qu'autour de moi tout est déjà fait, parfait, que je me sens si minable ? Les meubles les tissus les objets tout est calculé au millimètre près, reproductible à l'infini par je ne sais quelle machine. Pas d'erreurs pas d'errances. J'habite un monde où j'ai disparu. Les fausses notes m'écorchent la cervelle, je suis nulle. J'étouffe.

Gribouille, lui, se repose. Il a observé un pigeon sur le toit des voisins, maintenant il dort sur mon lit.

Je l'y rejoins.

Juste une minute, le regarder, ses pattes recourbées sur son museau, sa fourrure où je voudrais plonger mon nez, fermer les yeux. Je glisse sur nos deux corps un plaid rapporté d'Écosse, y enfouis ma tête pour nous voir sous cette cabane.

Il a une dent qui dépasse, il sent que je le regarde, ouvre un œil, tend ses pattes, se rendort comme ça, tranquille, calé au chaud sur ma couette. Je voudrais vivre à ton rythme, mon beau chat noir, à ta musique, on suivrait la course du soleil sur le parquet clair, on ferait des siestes rêveuses à regarder scintiller les grains de poussière dans la lumière, on serait muets, simples et doux, on serait des feuilles d'herbe. Oh dis, mieux !, on dirait qu'on aurait un jardin, j'ouvrirais grand les volets chaque matin tu plongerais dans l'herbe bleue, je te regarderais courir après la brume tenter de l'attraper avant qu'elle ne s'envole. Et moi ? Moi je m'emplirais d'air frais, j'en aurais plein la bouche plein mes narines j'avalerais l'aube et goulûment, je sentirais un souffle courir en moi dévaler comme un bobsleigh fou mon cou mes épaules mes bras mon ventre mes jambes mes pieds vivants.

Gribouille lève la tête : ça le dérange, quand je réfléchis. Le voici qui tend les pattes, s'étire, s'évade. Je rabats la couverture.

Allons bon, je vais aller au journal ça va me changer les idées. Et puis, quand on vous voit on pense à vous, on vous donne du travail. De quoi payer son loyer.

Il faut s'habiller. Et bien. Être soi au sommet. Faire envie plutôt que pitié. La femme heureuse.

J'ouvre mon placard.

Je fais semblant de ne pas voir les trois peluches que j'ai achetées pour on ne sait jamais si j'avais un enfant. Elles sont coincées entre la casquette d'aviateur de mon grand-oncle et un Stetson acheté à Mexico – (Il me rappelle un marché où mon nez était heureux, surpris par les épices, mes yeux pleins de couleurs.) Je garde aussi, au-dessus des robes de chambre en soie de ce grand-oncle, vingt-deux pulls chauds, pas bien beaux, mais qui pourraient l'être si un jour j'avais une maison de campagne : je m'y blottirais devant un feu de cheminée après une marche dans la forêt, mes pieds dans de grosses chaussettes entremêlés à ceux d'un amoureux qui ressemblerait à Robert Redford. J'essaie d'oublier qu'y est entassé aussi de quoi faire du yoga de la boxe de la natation de la musculation, un attirail pour observer des oiseaux avec des jumelles, une maison pour les nourrir, un chevalet pliable et ses pinceaux pour si un jour cet amoureux qui viendra m'emmène peindre en Provence… J'ai encore deux sacs de couchage neufs pour une éventuelle ascension en montagne, un mini-short rose pour faire du pole dance. À côté d'eux, j'ai fourré deux jupes indiennes de la période hippie de ma mère, deux ventilateurs, un tourne-disque portable (pour faire comme dans *Out of Africa*, mais qui voyage avec un tourne-disque et des trente-trois tours de Mozart ?). J'ai aussi, dans un carton par terre, des cours de Sciences Po que je voudrais relire un jour. Je croise chaque matin à mes pieds cette phrase qui dépasse : « Passant, va dire à Sparte que nous sommes morts ici, pour obéir à ses lois. » Ça me glace.

Pourquoi ai-je trente-sept pochettes à chaussures ? Je ne compte plus mes paires de chaussettes. Pourquoi treize pulls gris ? J'ai envie d'en mettre un. Mais c'est trop classique. J'ai sept « chandails », comme disait ma grand-mère, mais trois qui grattent et un fluo, bizarre. Je ne veux pas non plus un de mes cinq pulls « originaux » – léopard, doré, bleu flashy... Un pull noir ? J'en ai quatre, mais c'est triste. Bleu marine ? Bah, je sors un pull gris.

J'ai compté, j'ai trente t-shirts. Vingt-huit hauts « si jamais », en maille en dentelle en strass violet, un avec dessiné dessus Cobra, le héros de mon adolescence. Vingt-cinq chemises. Ma préférée : une vieille à carreaux C&A, pour quand je serai à la campagne avec des vaches des cochons des poules et Gribouille heureux à grimper aux arbres. Dans mon autre vie. La vraie. Celle dont je rêve parfois.

Il paraît que c'est la chaussure qui décide de la silhouette : je farfouille. J'ai : deux paires de Manolo Blahnik pour faire semblant d'aimer ça, les talons aiguilles, les bouts pointus, être une femme... (mais quand je les mets je ne peux plus marcher et le lendemain j'ai le dos bloqué), des boots dorés Gucci (mais j'ai honte de les porter parce que ça se voit que c'est Gucci et que ça coûte horriblement cher, que je mets tout cet argent dans n'importe quoi alors qu'il y a tant de malheurs sur terre), des chaussures de montagne (pour quand j'irai à Saint-Jacques-de-Compostelle à travers les Pyrénées, que je ferai un herbier que j'apprendrai le nom des arbres, je me réciterai des poèmes, je me ferai plus épaisse, plus sage, oui, comme un arbre), des bottes de mon premier voyage en Californie (à dix-sept ans, sur les traces de Jim Morrison, je marchais sur la plage je chantais « *let's swim to the moon ahah* » même qu'il avait les mêmes bottes même qu'elles me vont encore et que quand je les ai aux pieds, il me semble que je vais plus loin). Je ne sais pas quoi faire.

Je jette un œil aux trois manteaux blancs insensés que je garde dans l'espoir qu'un jour, je les porterai sur une de mes robes du soir – fourreaux, soie, décolletés fous, de chez Gucci, Prada, et cetera. Il y a près d'eux un blouson de mon papa qui n'est plus là. Au-dessus, six bonnets, trois éventails (un jour j'irai à Vérone pour le festival d'opéra au mois d'août ! Je rêve aussi d'une croisière dîners débats avec *Le Point* dans les îles grecques ! Oh mon Dieu, même mes rêves sont ringards.) J'ai aussi six paires de lunettes de soleil vingt et un foulards deux chapkas un kimono du soir. Ce n'est rien par rapport à Kylie Jenner, mais c'est trop pour mon cerveau.

J'ai honte de moi.

Tous ces déguisements pour me faire croire que d'autres « moi » sont possibles, moi *working girl* moi poupoule moi skateuse, mes pauvres évasions… J'abrite un cirque Pinder. Chaque matin je me demande qui je suis pour une paire de chaussures. Quel numéro je vais jouer.

Allons bon. J'enfile un marcel Pacha Club fabriqué en Chine rapporté d'Ibiza, un jean fabriqué en Italie (dix mille litres d'eau sont nécessaires pour fabriquer un jean, paraît-il) acheté à Paris. Il est trop serré. Je change. Remets celui que je porte presque tous les jours, fabriqué en Indonésie. (En mer de Chine, d'où provient presque tout mon placard, je l'ai vu sur une carte, les eaux se réchauffent plus qu'ailleurs. La taille des poissons va se réduire de 20 à 30 % pour faire face au manque d'oxygène, même le riz le blé les pommes de terre devraient perdre 10 % de leur valeur nutritive à cause de la trop forte concentration de dioxyde de carbone dans l'atmosphère. Tout s'amenuise.) Il me va bien.

J'enfile un pull gris en cachemire, fabriqué en Chine lui aussi.

Je tente des chaussures roses, pour voir. Embrasse mon chat.

Je sors de là.

Dans le petit rectangle blanc du ciel au-dessus de ma rue, le soleil a percé un bleu.

En cinquante mètres, je longe quatorze voitures, trois boutiques de vêtements, un épicier, quatre cafés, je tourne. À la terrasse du Progrès, rue de Bretagne, j'aperçois un Asiatique en imper jaune pétard noué en carquois sur un ensemble années trente, une fille aux cheveux platine… zut, c'est la *fashion week*. Ai-je commis une faute de goût avec ces mocassins roses ? La peur du ridicule vient grésiller dans mon crâne. Remonter chez moi me changer ?

Allons allons. Je m'encourage : il faut assumer sa différence. Ses faux pas. Son moi.

Ô la misérable bataille.

J'ai des soucis ridicules.

Un groupe de Milanaises, lunettes de soleil géantes, papotent en terrasse autour d'un Perrier. Je reconnais parmi elles une amie. Je pourrais la rejoindre. Mais j'ai ces chaussures qui me handicapent. Je baisse la tête j'avance comme on tombe. Je m'enfuis.

Je traverse. Fais fi des gens des voitures des motos. Mon Dieu tout le monde est beau ! J'accélère.

Des cuissardes en daim noir m'arrêtent à la vitrine d'un magasin. J'en ai vu partout sauf dans mon placard. Je n'en ai pas les moyens. Je ne les mettrai jamais. Avec tous mes achats imbéciles je vais finir à la rue. La France va mal. Je n'aurai pas de retraite. Je n'ai pas quarante-cinq ans mais il faut y penser. Remboursera-t-on les lunettes quand je serai vieille ? Et si j'ai des problèmes d'audition ? Allons. Il faut être fou, être libre : j'entre, j'essaye, j'achète.

Je ressors rouge de bonheur et de honte.

Qu'est-ce qui m'a pris ? Mon cœur bat, j'ai chaud, je ne sais plus quoi faire de ce paquet.

Plus loin, le jardin public profile son bouquet vert. Je me hâte, passe le portique, ça va mieux.

Un canard s'ébroue sur la pelouse près de l'étang, trois antiques Chinoises font du tai chi au son d'une radio qui crachote. Voilà, ça me revient : l'envie d'être une personne âgée. D'avoir déjà vécu.

Je voudrais être un vieux au jardin des Tuileries.

Oui, que ce soit après moi, le monde.

Je m'assieds. Je respire.

Je ne sais pas pourquoi, j'ai besoin de m'asseoir sur ce banc presque chaque jour. Je reste là, une minute à peine, deux, je regarde la pelouse, les buissons. Des êtres qui croissent, doucement, imperceptiblement, qui se nourrissent de soleil.

Je me rappelle l'été dernier, un mois le dos coincé par une hernie discale, dans la villa toscane, un mois sans pouvoir faire autre chose que quelques petits pas dans le jardin. Le monde était à moi, alors : les arbres les fleurs les oiseaux.

Ici, dans ce jardin cerné de klaxons et de marteaux-piqueurs – travaux, moteurs, bruits d'usine, je vis dans une usine avec des gens qui triment, peuple d'ouvriers, tous ouvriers quoi que l'on fasse avec des objectifs des rendements des salaires –, tout me revient. Debout face à la plaine où verdoyaient des champs de vignes et d'oliviers, un pin s'élevait au-dessus de la terrasse de notre villa. Une terrasse aux dalles de terre cuite, posée au beau milieu de la pelouse, comme ça, pour rien, pour regarder devant soi, pour parler avec le paysage. Que feras-tu quand je serai partie ? Est-ce que les futurs locataires sauront t'aimer autant que moi ? Bien sûr que non, bien sûr que non, notre histoire est trop magnifique.

Je m'étais couchée sur les dalles parce qu'elles étaient chaudes, mon coude replié sur mes yeux parce que le soleil était haut, et c'est là que pour la première fois, j'ai vu chanter une tourterelle. Enfant, ce chant était pour moi le refrain du mois d'août. Cachée au fond du lit, encore un peu, encore un peu sous des draps rêches d'une maison que je n'aimais pas – des gens durs, d'autres grand-parents, ceux qui disaient « c'est comme ça la vie, mange tes haricots verts » –, je remontais les draps contre mon cou, depuis ma chambre en sous-sol que mes grands frères et sœurs avaient quittée depuis longtemps. Je guettais l'appel. Voilà qu'il éclatait dans l'air, fier, royal, ce roucoulement en trois temps, court long court, cet appel amoureux qui me faisait fermer les yeux dans un sourire jusqu'aux oreilles. Je n'avais jamais osé demander : c'est quel animal, celui qui fait ouhouhhhhhouh ? Je préférais garder notre secret, à l'oiseau et moi. Cette musique, je le compris ce jour-là sous le pin, c'était le chant d'une tourterelle. Elle s'était posée sur une branche brune, le bec tourné vers l'horizon. Je repoussai doucement mon coude, ouvris plus grand les yeux. Elle recommença. Court long court, court long court. Alors, un autre oiseau vint se poser, la même robe couleur d'argile, le cou souligné du même trait anthracite. D'emblée, ils se bécotèrent furieusement, partout, sur la tête dans le cou sur le ventre et ce fut pendant un quart d'heure une passion digne des plus émouvantes télénovelas.

Je n'avais jamais vu ça.

J'ai vu des viols des crimes des accidents j'ai vu des gens se faire découper en morceaux, dans des séries américaines mais pour de vrai aussi, pour de vrai à la télé j'ai vu des visages d'enfants enfermés violés affamés, un couple de dictateurs se faire assassiner un dingue égorgeant sa victime et même petite, petite je me souviens j'ai vu une enfant de mon âge, ses deux mains accrochées à une branche tandis qu'un torrent de boue retenait son corps prisonnier, elle regardait la caméra, elle me regardait de ses grands yeux noirs, tout noirs comme ceux des Modigliani, en attendant la mort. Je regardais ça en direct, une enfant qui allait mourir. Récemment j'ai aussi vu un pont s'écrouler avec plein de gens dessus et des cadavres par dizaines sous des blocs en béton. Mais une tourterelle chanter, ça non, je n'avais jamais vu.

Le monde m'a été dérobé. Mis en poudre. Renvoyé en boulet de canon.

Mais pourquoi, me demandais-je en observant ma tourterelle – sa comparse partie, elle reprenait son chant plus timidement, presque honteuse, l'entrecoupait de râles brefs, enroués, comme pour y enfouir son chagrin –, pourquoi ses amours apparemment tourmentées auraient-elles moins d'importance qu'un accident sur l'A4 ou le fait qu'une Chinoise se soit fait sodomiser par erreur pendant quatre ans ? (Je cite la dernière « alerte » apparue sur mon téléphone : « Un couple de Chinois s'y prenait mal depuis quatre ans. ») Voir cet oiseau me donnait l'impression d'être au monde, d'en partager les joies les chagrins. En Toscane, chaque soir vers six heures, surgissait un orage : où allait ma tourterelle ? Et les fourmis ?

Un enfant passe en courant devant moi. Le soleil s'est frayé un nouveau passage, il s'épanouit, petit bouton de rose bleu qui grossit, grandit, m'éblouit, un papillon – oh surprise ! – vient gigoter sur mon épaule, file vers un buisson qui sent bon.

Ça va mieux. Je me relève. J'ai honte d'avoir acheté des cuissardes et, en passant les portiques du jardin public, hésite à les abandonner là.

Rue Vieille-du-Temple, toute à mes pensées, je manque de me faire écraser par une camionnette surgie au milieu des voitures des motos vrombissantes. Je hais le conducteur. Je me reprends, respire, arrive au métro, m'engouffre.

Je descends les escaliers en courant, croise une publicité et ressens une petite peine comme une chiquenaude : je ne suis pas une jeune femme noire de dix-huit ans qui porte très bien un soutien-gorge crème. Deux minutes d'attente. Je suis en retard je suis en retard. De combien de temps ? Pour aller où ? Je ne sais pas. Si : ça fait trois heures que je suis réveillée et je n'ai toujours pas gagné d'argent. Sur mon portable aucune réponse de ma rédactrice en chef ni de personne. Je pourrais être morte tout le monde s'en fiche. Je regarde les autres femmes autour de moi. Je suis plus mince que deux d'entre elles mais plus grosse qu'une. Pourquoi me dis-je cela ? Je juge tout, tout le temps : ma tête comme un baromètre affolé.

Le métro arrive. Une femme se précipite sur la place que j'avais repérée, l'air mauvais, comme toujours quand on a honte. Un quinquagénaire griffonne dans des cahiers et c'est louche, un homme avec un crayon, quelqu'un qui prend des notes, qui a des pensées à lui qu'on ne lira pas sur Twitter. À ses côtés, un grand blond vêtu de noir porte une broche en faux diamants. J'habite un asile de fous. Je suis certainement comme ça, moi aussi. Parfois je me surprends à marmonner dans la rue. J'ai quarante ans. Je m'enfonce. Chaque pas maintenant m'inscrit plus profondément, ici, dans cette vie, c'est comme si à mon âge, je ne galopais plus, légère, court vêtue, gazelle sur la terre sèche, toujours entre deux désirs, non, je creuse, je m'inscris. Je commence à voir mon sillon.

Un petit homme descend, je prends sa place. Un autre me regarde, je l'évite et replonge dans mon téléphone, m'enfonce dans une mélodie de Max Bruch, une musique comme un jour qui se lève sur des vallées. J'oublie.

Je ferme les yeux, toute à la musique. Oui, on dirait un jour qui se lève. Sur des champs. Des arbres des vallons des coteaux. Je dis « coteaux » sans savoir trop ce que ça veut dire. Je ne sais plus rien. J'ai dans la bouche une multitude de mots perdus. Par exemple, je voudrais savoir : à quoi ressemble une linotte ? Et les grives, faute de merles ? Je ne saurais pas reconnaître un hêtre. C'est moins gros qu'un épicéa, j'imagine. Est-ce que ce sont des érables ou des marronniers que j'admire en marchant le long de la Seine. Les deux ? C'est englouti, les noms d'oiseaux les noms des arbres. Plouf au fond des mémoires les frênes les noisetiers les mésanges, avec les troubadours les cochers les sorcières les hauts-de-forme et Flora la belle Romaine. Et le lion ? Il fait quoi le lion ? Il disparaît. On offre aux enfants des livres où bêle une brebis, grogne un cochon, braie un âne (il m'a fallu consulter Google pour retrouver le mot juste). On nous fait croire que c'est encore familier, encore à nous, le sautillement du rouge-gorge, les pattes fines du moineau, mais le coq n'est plus le roi de la basse-cour. Quand il n'a pas été broyé vivant, poussin, il passe des jours aveugles à crever sur lui-même, à plus de vingt par mètre carré, sur la litière sale, incapable de se mouvoir avec des ailes spécialement déformées pour faire des gros nuggets. Six cents millions de poulets vivent comme ça tout près de moi. Le cochon ne grogne pas dehors, il pousse des cris à s'en faire éclater les côtes, dans un camion où il a failli périr étouffé, à l'abattoir où il sait qu'il va être gazé. Les yeux éclatés d'horreur.

Les noms ne veulent plus rien dire. Les syllabes s'effilochent, ça flotte. C'est flou. Je me fais l'effet de ces méduses qui traînent de vieux bouts de plastique, je charrie avec moi des lambeaux de mémoire, là presque par hasard, des noms de films que je n'ai pas vus – j'entends Rio je pense bravo – des rimes des chansons – Ohohohoh je vais à Rio – des livres dont je ne connais que les titres, des citations sans auteur. J'en ai plein mes armoires de ces fausses connaissances que je livre à l'aveuglette au cours des conversations, de ces étoiles en plastoque.

Je voudrais donner leur nom aux constellations, connaître celui des nuages, appeler quelqu'un par son nom c'est être ami, c'est s'aimer mieux c'est, s'apprivoiser déjà, se présenter. Mais ce soir je le sais mon ciel de Paris sera jaune et gris. Je ne ferai pas connaissance.

Je me souviens, à Kyoto en hiver, sur le chemin des philosophes, entre des cerisiers qui n'étaient plus ni oooh ce rouge ni oooh ce rose, juste des arbres nus penchés sur un ruisseau fin, un grand Japonais, très beau, ses cheveux longs attachés en queue-de-cheval, un Japonais de conte, en tablier sur le pas de son atelier, proposait aux touristes des cours de céramique. J'étais entrée bien sûr. Le bonheur : l'argile entre mes doigts, je fais un rond, zut, raté – *Can I try it again ? Can I try again, please ?* – il dit oui. C'est mieux. Pas beau mais pas si moche que ça. Je suis fière comme un môme. Je reconnais la trace de mes doigts, je me reconnais, moi, je me découvre : je suis le premier peintre, au fond d'une grotte, à Lascaux. Eh les gars, j'ai fait un truc, là, je crois que c'est pas mal… Mon cœur qui fait des bonds. Je voudrais construire un tabouret, aussi, m'asseoir dessus. Manger une carotte que j'ai fait pousser. Dis donc cette année elles sont toutes tordues ! Oui mais juteuses. Moui, sucrées aussi, ce doit être le soleil. Dire des choses comme ça. Faire. Pas acheter. Prendre. Disposer. Le monde par acquis. Le monde en tapant sur des touches. Mon code de carte bleue. Des numéros de téléphone. Des lettres sur le clavier de mon ordinateur. Mes doigts ne font que marteler. Et encore, mes doigts. Mes pouces et mes index. Je suis retournée au stade primitif : la pince. Bientôt je marcherai en crabe, tellement demain me fait peur.

Terminus, Levallois-Perret. Tout le monde descend.

Au-delà du périphérique l'air est déjà plus pur. Je prends une grande inspiration, deux, trois, ça y est j'ai fait les vingt-cinq pas qui me séparent de l'immeuble où m'attend mon bureau. Appuyer sur le bouton de l'ascenseur dire bonjour, bonjour, se sentir de quelque part. Au cinquième étage, les portes de métal s'ouvrent sur un couloir et derrière, à travers les vitres, la vaste pièce où j'espère le rire de mes camarades. Ils rentrent de reportage, ils ont des idées, des envies, ils vont me donner du travail. J'entre : c'est vide.

— Ils sont à l'AG ! marmonne de derrière son ordinateur une brebis galeuse qui se fiche des luttes syndicales.

J'avais oublié l'AG.

— On sait quelque chose ? On a des infos ?

L'autre sort la tête, me regarde, débite comme une évidence :

— On va nous vendre ! Tu sais bien, les gens achètent moins les journaux...

— Mais... bientôt ?

— Ça, je sais pas. J'imagine.

— Et... Ils vont nous virer, tu crois ?

— Pas sûr. Un peu, oui, sans doute. Bah, toi, t'écris beaucoup, ils vont vouloir te garder quand même je pense. Enfin bon. Dis, t'aurais pas le contact de l'ouvrière de chez Noyon, là, à Calais, qu'on voyait partout ?

— Non pourquoi ?

— Je fais un papier sur elle. On ferme leur boîte. Tu sais, elles faisaient de la dentelle depuis deux cents ans au moins ! C'est dingue ce qui leur arrive.

C'est trop pour moi. Il est bientôt deux heures. Je file au japonais.

En chemin je regarde mon portable : toujours aucune réponse à mon mail. Je m'appauvris. Je suis bientôt virée peut-être. Je n'ai plus faim. Pour tromper l'angoisse, je décide d'aller à la piscine.

D'un coup, je suis pressée. Je veux y arriver avant les autres, avant les autres vite, histoire de nager tranquille, d'avoir un moment en paix. Je file au bureau prendre mes affaires, en ressors en courant.

Le temps que j'arrive à la piscine, déjà il y a foule. Tous ces gens qui vont me piquer mon couloir. Je les déteste, j'ai honte de les détester, honte d'avoir honte, envie d'être seule. La caissière, le sourcil dictatorial, me renvoie dans la file d'attente : « À cette heure-ci seul "l'espace forme" est ouvert. Dites donc sur votre carte il vous reste quatre-vingt-seize heures de piscine ! Ça fait quatre jours non-stop, vous vous rendez compte ? Ça déborde, là ! Vous gâchez votre argent ! Il faut absolument les utiliser, ces heures ! Il vous faut un "planning piscine". Rentabiliser cette inscription. » Je dis oui en pensant non et rejoins la file d'attente. Devant moi, un homme en costume bleu des plus banals, mais dont les longs cheveux noirs et sales ont l'air d'appeler au secours dans son dos : « Ce type est fou ! Ce type est fou, éloignez-vous ! » Je recule. J'ai peur qu'il soit lui aussi du couloir « nage rapide ». Une mère de famille nous empeste avec un petit pot à la carotte et des « Y a plus poulet ! Poulet, y a plus ! » Un enfant hurle dans les vestiaires.

Enfin le bain est ouvert.

Je me contorsionne dans cette cabine de plastique où il faut à la fois fermer un côté et l'autre en même temps. Les chaussures sont interdites j'entre quand même avec.

Je suis au bord de chronométrer le temps que je mets à me dévêtir. Comme tout dans ma vie, je voudrais que ce soit fait. Avoir tourné mon boulon. Allons allons. En avoir fini. C'est n'importe quoi ! Il faut vivre au présent. Je m'ébroue.

Je monte l'escalier, me douche, me réjouis car mon nouveau bonnet couvrira bien mes oreilles dans l'eau. Je choisis mon couloir « nage rapide », quatre personnes quand même, bon, je plonge.

C'est merveilleux.

C'est merveilleux.

Au bout de cinquante mètres, je me mets à compter. Deux longueurs. Trois. Il m'en faut au moins seize. Surtout qu'aujourd'hui je n'ai fait que trois mille pas. Je vais y arriver. Je serai fière ! Ah, ça y est mes cuisses me font mal. Suis-je en train de maigrir ? Un type me bouscule. Je me colle à la ligne de mon couloir, un autre m'effleure un sein par mégarde. Je m'arrête près d'un bord. Une seconde seulement mais une fille en profite pour plonger devant moi et me piquer ma place. Je la regarde filer tout droit sur ma ligne. Elle doit penser : « Chacun pour soi, j'emmerde le monde ! » Avant qu'elle ne revienne à ma hauteur, je reprends ma course, nage vite, très vite, en évitant tout à la fois ses mains à elle et les pieds de la personne devant moi. Mon cœur bat plus fort. Je crois bien que je l'oblige à ralentir, tant mieux. J'ai honte de moi. Ma pauvre petite victoire. Elle a peut-être raison. Oublier les autres. Oublier pour pouvoir vivre parmi eux, sans les voir, sans les haïr, sans les craindre, sans craindre même qu'ils vous fassent pitié. « J'emmerde le monde ! » Il me semble soudain que c'est bien ce que nous faisons : nous déversons nos monceaux de merde sur le monde. Je n'en peux plus. Je m'arrête à nouveau.

Dans un autre bassin une trentaine de vieilles en maillots multicolores remuent leur gras face à un jeune homme musclé qui sautille, frappe des mains quand il écarte les pieds, le tout sur du Julien Doré. Bande d'otaries que je te foutrais en Auvergne, à repeupler un petit village plutôt qu'à me polluer les oreilles, ça maigrirait au grand air. Un vieux à Paris c'est une hérésie. Il est 14 h 30 et ça y est, je deviens mauvaise.

Il faudrait m'exiler. Il paraît que Wittgenstein – que je n'ai jamais lu et dont je n'ai aucune idée de qui c'est vraiment – l'a fait. Ou était-ce ce vieil amant nazi d'Hannah Arendt ? Heidegger. Sartre lui aurait tout piqué. C'est ce qu'on m'a dit, je n'ai jamais pris le temps de vérifier. Décidément, je ne sais rien. Je répète je charrie je transporte des choses dites, entendues, je suis une décharge à pensées.

Allons allons.

Concentrons-nous sur le positif : je nage, c'est bien, il y a des fenêtres au plafond – qui les nettoie ? – il commence à faire beau dehors, zut, je suis trop heureuse, j'ai oublié de compter mes longueurs. Pourquoi le fallait-il ? Je m'invente que j'en suis à douze.

Allez ça suffit.

Je sors. On est à Neuilly le vent fait danser les feuilles. Peut-être est-ce moi qui devrais aller en Auvergne. En Toscane, je me souviens, j'étais si seule et si bien. Totalement libre. Personne à des kilomètres et j'aurais pu me promener nue j'aurais pu, acte suprême, déféquer au beau milieu de la pelouse en plein soleil. Sans risquer un regard. Sans une once de gêne. En prime, ç'aurait été bon pour les plantes.

J'ai faim maintenant. Au Japonais d'en face, j'achète à la va-vite une soupe miso, une plâtrée de riz dans des bols en plastique et quelque chose dont je veux continuer de croire que c'est du saumon même si moult reportages m'assurent que non. Je me pose sur un banc près d'un mouchoir sale, commence à manger. Je rallume mon téléphone, histoire de voir ailleurs si c'est mieux : les étrangers « fuient le CAC 40 ». Un jeune homme de dix-sept ans est mort assassiné à coups de couteau « suite à un différend autour d'une trottinette », quelqu'un assure qu'il connaît « les cinq ingrédients pour la grande crise de 2020 » et, en six ans, les selfies ont tué plus que les requins. Je ne sais pas quoi faire de tout ça. Mais j'ai trois messages ! Ma rédactrice en chef a besoin de quelqu'un en urgence pour interviewer Cameron Diaz. Elle a sorti un film. Quelqu'un l'a vu, peut m'en parler. Elle est aussi « égérie » d'un rouge à lèvres. L'interview est dans deux heures au Bristol. Tu peux ? Oui évidemment je peux.

Je saute dans le métro. J'ai les cheveux mouillés, la marque des lunettes sur le front et de ridicules chaussures roses, mais je vais presque pouvoir payer mon loyer !

Je note à la va-vite des questions sur un petit cahier qui ne me quitte pas, appelle une collègue pour avoir des informations sur le fameux film – « un truc de science-fiction complètement raté il ne faut pas en parler ! » Ah. Quelles questions lui poser ? Je l'ai déjà rencontrée deux fois. Une liane. Lumineuse. Qui rit fort et gras, fille de bande, qu'on imagine étalant ses longues jambes sur une brochette de garçons eux-mêmes affalés sur un canapé, tout ça devant un match, tous une bière à la main. Elle doit savoir roter. La première fois, elle m'avait impressionnée. Si fine, ses cheveux si blonds si peignés, ses chaussures impressionnantes, avec des lacets fous qui couraient sur un mollet parfait. Elle avait ouvert ses grands yeux, sourit de son étrange et large bouche, grenouille et ravissante et tout de suite, de bon cœur, avait dit, de cette voix forte, américaine – pourquoi parlent-ils forts ? les grands espaces ? un ancêtre viking hurlant dans la tempête ? – « *Oh I love John ! He was amazing, he was really, really amazing ! He's such a great director, we had so much fun*, blablabla. » Je n'avais plus qu'écouté. Relancé un peu comme on met du bois dans le feu, pour les dernières minutes : « *Yes I still surf, oh I love surfing ! Nature, yoga ! You know, being really down to earth, it means a lot*, et cetera et cetera. » Merci madame, *thank you* ! Au bout de vingt minutes j'étais ressortie contente.

La deuxième fois, elle avait dit exactement la même chose, au sujet d'un autre film. Comment l'en blâmer ? Ce fut plié en un quart d'heure emballé c'est pesé et avec ceci ? Ce sera tout, merci. Mais cette fois-ci, comment faire ? Que demander à part « vous aimez le rouge à lèvres » ? Question à laquelle il faut du génie pour répondre intelligemment.

Arrivée à la station, je sors du métro un peu tremblante parce que je n'ai rien à lui demander, en réalité. Parce que j'ai peur d'être ridicule. Parce que c'est Cameron Diaz, tout de même, qu'elle, elle vit à Los Angeles, porte de robes du soir, joue un rôle un vrai sur cette planète.

Les grooms du Bristol me saluent bas en m'indiquant la porte tambour – j'aurais deviné l'entrée, elle était juste devant moi, mais il faut croire que le luxe c'est d'être rassuré choyé dorloté. Bonjour, bonjour madame, la voix suave du maître d'hôtel, profonde comme un fauteuil, onctueuse, une voix de chocolat chaud. Bonjour madame, partout on me salue, je croise des fleurs géantes, j'entends qu'on joue du piano, bonjour madame, j'avance sur du marbre blanc, des moquettes épaisses, ça sent la bougie parfumée. Madame… Il fait beau au Bristol, tout est doux, les gens sont gentils, ça parle doucement, ça sourit, on y a des petits rires polis, des enthousiasmes délicats. Je suis le panneau avec écrit *Blue Banana*, le nom du fameux film dont je ne parlerai pas.

Au troisième étage, une grande chose toute maigre et de noire vêtue, une araignée en cheveux blonds, m'accueille en éructant, gesticule, gronde comme un orage sur les membres de son équipe : je n'ai pas signé les papiers ! Il faut absolument que je signe des papiers comme quoi je ne répéterai pas avant la fin de l'embargo, promis juré sinon j'encours un procès, ce que Cameron Diaz me dira du rouge à lèvres trucmuche. On me renvoie dans un sourire trop bref à la chambre transformée en salle d'attente où languissent les autres journalistes. Ça mange du petit four, ça s'échange des « t'as été à LA pour le voyage de presse, toi ? ». Je regarde mes questions. J'en ai quatre. C'est pas beaucoup. J'ai peur de ne pas avoir de quoi tenir les sept minutes qui me sont imparties. Bah sept minutes avec elle c'est trois questions, elle est bavarde, sympathique. Et ça fera trois pages, dans le journal. Il faudra beaucoup « sublimer ».

C'est mon tour : oreillette vissée au tympan, des listes à la main, deux espèces de gardes du corps viennent me chercher, m'encadrent le long des quatre mètres de couloir que je dois franchir. J'ai l'air ailleurs, les cheveux mouillés et des chaussures étranges.

À la porte de la star, l'araignée est là qui regarde sa montre, son portable, sa montre, tape enfin à la porte, l'ouvre devant moi, passe une tête : « *Is it all right, Cameron, are you ready ?* », tout doucement en tremblant presque, comme si, de l'autre côté, nous attendait Staline, un enfant, bref, quelqu'un d'irrationnel.

J'entends la voix reconnaissable entre toutes : « *Yes, sure* », bien plus aimable que tout son aréopage, comme toujours avec ces gens-là. J'avance, rougissante, vers le canapé vert d'eau où elle est assise, ravissante, longiligne, moulée dans un long pantalon noir et col roulé bleu. Je me sens très moche, très grosse, mais ça m'est complètement égal. Cameron Diaz est hyper sympa.

Hello, hello, on boit un verre d'eau, oh Paris hélas pas le temps *but I looooove this city*, cette politesse américaine, ces gens, toujours joviaux, GO du monde. Oh non je ne reste qu'une journée après c'est Berlin, Londres – elle sourit mais ses yeux sont las, sa voix tombe rien que d'en parler, cinq jours et six heures par jour et six fois par heure les mêmes questions, alors elle se lance oui elle adore ce rouge oh elle a toujours mis du rouge et quand elle était petite avec ses copines et je me dis qu'elle est adorable et ça va être mignon ce papier si elle se confie sur son adolescence on aura peut-être des choses à dire cette fois. Je continue dans cette voie quand derrière moi, j'entends crier : « *Stop, nothing personnal.* » Ah. J'avais oublié les « responsables de la communication ». Je reprends. Vous en mettez souvent ? Oh oui le soir j'aime bien l'autre jour je suis allée dîner… « *Cameron, sweetheart, nothing personnal.* » Elle s'arrête, sourit. Bon.

Il me reste cinq minutes encore. Dans un café, toutes les deux, dans un café ce serait sympa, qu'elle me parle du yoga, de son premier amoureux, qu'elle m'aide, moi, à en trouver un, à perdre trois kilos, à bien m'habiller, à dire non, à dire oui à choisir bref ce serait chouette qu'elle soit un peu ma copine, qu'on ait une heure ou deux pour se connaître mais là, le temps nous presse tant qu'on voudrait que ce soit déjà fini : elle a sommeil, je suis lasse. Je ne sais plus quoi lui dire. Elle n'est pas chercheuse en physique nucléaire elle ne travaille pas sur un vaccin contre je ne sais quel virus qui d'après les alertes sur mon téléphone va nous tomber dessus bientôt, elle aime le surf mais je le sais déjà, ses amis oui bon ben pareil et tant mieux, son quotidien est en province, avec une grande maison des balades en montagne des barbecues. Trois pages là-dessus… Pourquoi interroge-t-on les acteurs ? Comment sont-ils passés, en cent ans et quelques, de hors-la-loi qu'on enterrait loin des villes à maîtres à penser ? Leur demande-t-on de nous éclairer sur ce monde parce qu'il est une farce et qu'eux savent faire semblant ? Je rougis, me reprends, improvise une question sur son film, elle répond, robot gentil oh oui j'adore travailler avec Mark… je n'écoute plus. Il faudra que je brode drôlement. Savoir scénariser la carrière du people : qui a mûri, qui aime enfin, qui a été trop brisé enfant. Prendre trois mots et en faire un gâteau. Lui inventer une personnalité pas trop éloignée d'elle, un type qu'on colle : Barbie célibataire, Barbie sportive, Barbie parfaite. Ici, la fille chouette, dynamique, sportive – Barbie cool, pour que ces dames puissent continuer à jouer à la poupée, se rêver dans un modèle. Faire envie mais pas trop. Je commence ma petite mystification dans ma tête… C'est difficile, mais c'est drôle. Zut, je me réveille : elle a cessé de parler. Encore trois minutes. Trois minutes.

Une seconde de silence, deux, dix. Cameron sourit. Moi aussi. Elle ouvre de grands yeux étonnés. Moi aussi. Pour la première fois, nous nous regardons vraiment. Elle en a eu, du courage, me dis-je, pour croire en elle, pour décider « je veux devenir actrice », pour affronter les regards des autres, les rires.

D'un bond je me lève.

— *Thank you very much !* je crie presque, surprise d'être debout.

Elle recule, me regarde comme si j'étais folle de partir si vite, avant qu'on ne m'y oblige, manque d'éclater de rire – son cerbère que je vois enfin me fusille du regard et, je souris jusqu'aux oreilles, prends vite mes affaires, file dehors, je m'en vais.

Dans les escaliers je vole. Je dévale, je cours.

Dehors il fait beau, je rentre à pied et tant mieux si c'est loin je ne compterai plus ni les pas ni les kilomètres, j'éteins mon téléphone, les gens sont beaux tout le monde m'émeut.

Je croise des terrasses et des gens heureux, une jeune femme aux cheveux courts attrape de ses doigts la bouche d'un garçon lui colle un baiser qui les enflamme les arrête en plein trottoir mon Dieu que Paris est joli. Un pigeon se repaît d'un reste de sandwich. Un cygne barbote sur la Seine. Sur les quais, on marche à hauteur des branchages, on pourrait papoter avec les feuilles et aux Tuileries, aux Tuileries il y a cette allée d'arbres bien taillés et soudain, soudain un qui s'échappe, qui tend tout grand ses branches au vent. Je crois qu'il m'invite à danser.

Je rentre chez moi. Gribouille est là qui se frotte à ma jambe, saute souplement sur le canapé, se roule en boule, m'attend, je me pose près de lui pile dans un rayon de soleil, ses petites pattes noires devant son museau, son gros ventre noir qui soulève sa fourrure, redescend, se pare de roux.

Comment faire pour couler des jours doux, pleins, au rythme de la terre, ne plus la dévaster dans ma course vers nulle part, ne plus découper mon bonheur en week-ends, en vacances, entre deux tranches de carnage ?

Je sais ce que je veux.

C'est me redonner une enfance. C'est revenir à ces jours où, ma grand-mère adorée occupée à quelque rendez-vous et mes frères et sœurs tout dédiés à leurs jeux dans les vagues – mais c'est la marée haute ma petite chérie tu ne peux pas encore toi tu es trop petite –, on me confiait à une cousine de mon grand-père. Je me souviens comme si j'y entrais à nouveau de l'odeur de cire dans l'entrée, odeur acide qui vous piquait les sinus. Dans sa petite maison de la banlieue de Bayonne, les lits étaient très hauts, surmontés d'édredons géants comme pour accueillir une famille d'ours qui sauteraient sur les lits. On aurait chaud pour toute la vie, là-dessous, et même l'hiver. Ça sentait les heures passées à prendre soin de l'escalier de bois, sa rampe vernie. À droite, un salon étroit, sombre comme une chapelle, encombré de meubles 1900 noirs et tristes comme des veuves. On n'y allait qu'un instant, voir les photos jaunies qu'Yvonne, c'était son nom, gardait pour nous. Là, c'est ton arrière-grand-père Paco... On ressortait vite vers la vie : la cuisine, avec ses dalles en damier, ses meubles en bois rond peints en blanc, le mur bleu pâle et son évier trop grand, devant lequel cette femme extrêmement pieuse finira par mourir, assise, en train d'éplucher des pommes de terre, mort de fourmi qui me semble enviable entre toutes. Travailleuse jusqu'au bout. Le courage de croire en demain, oui demain j'aurai encore faim. Là, elle m'apprenait à faire des « merveilles », comme elle appelait ces délicieux gâteaux sablés, sucrés de partout qui vous collaient aux doigts, craquaient entre vos dents et fondaient dans la bouche.

De la cuisine, une porte vitrée s'ouvrait sur la véranda. Comme j'aimais cet endroit. Il faisait chaud et lumineux. On était dehors et dedans, libres déjà mais protégés quand même, et j'enviais le sort des bottines terreuses, des gants usés, des plantes en pot qui passaient là des jours bénis avant de sortir au jardin.

Le jardin lui-même était entouré de murets de béton, à hauteur d'homme, qui la préservait de voisins, assurait-elle, redoutablement cancaniers. Que craignait-elle qu'ils racontent ? On cheminait à petits pas entre les plates-bandes de légumes et de fleurs. Elle cherchait les plus belles. Jamais l'on ne quittait la maison d'Yvonne sans un feu de joie plein les bras : elle cueillait des dahlias éclatants, des roses grosses comme des pamplemousses et dont l'odeur se répandait longtemps sur mon sillage. Je rougissais de ce trop beau cadeau. J'avais du chagrin et de l'admiration pour elle, qui sacrifiait ses trésors pour nous. Je savais, moi, que dans le salon Louis XV de mes grands-parents, l'éclat des fleurs fanerait sous le poids des conventions, du luxe, des tapis. Je suivais ses petits pieds chaussés de bottines fourrées, j'écoutais sans les retenir le nom des plantes, les dernières nouvelles des salades et des courgettes, j'étais ailleurs, en ces rares minutes : au paradis. Si éblouie que rien ne pouvait pénétrer ma mémoire que ce sentiment de fierté, de gratitude envers l'univers : on m'apprenait à nager le bonheur.

Pourquoi ai-je passé ma vie à courir après autre chose que cette modeste bâtisse qui ressemble à tant d'autres et que mes arrière-arrière-grands-parents, immigrés espagnols avaient achetée avec leurs maigres deniers ? Y serais-je vraiment heureuse ?

Comment pourrais-je vivre autrement qu'à Paris ?

J'aime Paris je suis fichue. Le monde est fichu. Car nous devons bien changer de vie, consommer moins, manger local, voyager en train sinon c'est la fin. L'apocalypse. Elle arrive. C'est prévu. Les

tornades, le Bangladesh et Venise engloutis et j'en passe l'Afrique à sec des mains tendues plein nos rivages
la gueule ouverte dans l'eau bleue la fournaise partout l'envie de crever la guerre. Parfois la nuit ça me réveille.

Vingt et une heures.

Avec tout ça le temps file. Il va falloir sortir à nouveau : on m'attend à dîner. Des couples qui m'invitent pour que je les amuse avec mes virées nocturnes, mes amours bizarres, mes récits d'interviews : pour eux je suis une fantaisie. Mais il pourrait y avoir quelqu'un, qui sait, parmi ces inconnus, qui serait libre ? Qui me plairait ? Me comprendrait ? M'emmènerait peindre en Provence, voir un opéra à Vérone ? Un homme avec qui vivre ici serait possible ? Je n'y crois pas mais je m'autorise un rêve ou deux, en musique, essaie mes cuissardes et je suis ridicule, je remets mon jean, une chemise de ma mère époque Claude Pompidou Claude Sautet café noir et dépression, une veste. J'enfile tout de même des chaussures folles, violettes et magnifiques, je ne pourrai plus marcher j'appelle un taxi.

À peine ai-je pénétré le salon, champagne ? vin blanc ? à peine me suis-je assise sur un des larges canapés, j'adore votre appartement ! que je fais le paon, boum, la roue, on me demande des anecdotes, en voici en voilà le spectacle est rodé : Hillary Clinton ? Ouah et elle est comment ? Ça devait être passionnant ! Cate Blanchett, ah j'adore Cate Blanchett ! Non ? Pas sympa ? C'est dingue ! J'adore tes chaussures ! Ah bon ? Les soldes Vuitton ? Ah oui, vous dans la presse… Elle est sympa Alix Girod de l'Ain ? Et Olivia de Lamberterie ? Oui, elle est vraiment formidable.

D'où vient ce silence dans ma tête, malgré mes propres mots ce vide ? Je parle, mais j'ai l'impression que c'est ma dernière représentation.

Je me sens tomber au-dedans, je voudrais être avec Gribouille, je voudrais être dans un champ désert, la nuit une couverture sur les épaules, à observer les étoiles. Mon Dieu comme j'ai envie d'autre chose.

Il y a ce désir en moi, qui virevolte, qui ne sait où se poser, qui me rend dingue.

À table, ça continue. J'entends les blagues un peu salaces et cent fois ressassées, les fous rires gênés des épouses, comme heureuses de se taire. Femmes tronc, là pour plaire, mettre en valeur leur homme, fier vendeur de lui-même, voyageur de commerce de son petit statut.

Quelqu'un rit fort et je crois bien que c'est moi. Je les observe de loin. De quoi parle-t-on ? De rien. Des dîners où l'on ne donne rien de soi que le parfum gris de sa vie. Je cherche un regard, personne. C'est rodé, entrée-expos plat-cinéma fromage-Macron dessertcul. Quelqu'un me ressert du vin, je bois. Il y en a un parmi eux qui est chasseur. Il me regarde : « Alors, toujours à fond sur ta cause animale ? », réjoui d'avoir lancé sa petite phrase. Sa femme qui pouffe des yeux. Allons bon je souris, dis « oui, toujours », l'air gauche. Je ne sais pas, parmi ces gens qui semblent traverser l'existence à bord d'une berline allemande, au chaud à cent trente à l'heure sur l'autoroute, comment marcher sourire parler. Je fais semblant. Une fille s'esclaffe alors que j'évoque mon désir d'aller vivre à la campagne : « Tu sais le réchauffement climatique c'est des conneries, la planète en a connu plein, des changements climatiques ! »

Suis-je folle ?

Je n'ai rien à faire là. On me sourit comme si j'avais seize ans et que je voulais devenir Madonna. La même pitié rieuse. J'entends cette fille lancer : « Et pourquoi pas agricultrice ? — Oui pourquoi pas ? » dis-je, prête à me lever et claquer la porte. Je replonge dans mon assiette, me concentre sur le risotto aux truffes. Le chasseur, lui, reprend : « Tu sais, ma mère a fait un potager, dans notre maison de campagne, elle a passé un diplôme agricole pour ça, ça s'appelle le BPREA, il y a des cours par correspondance, des stages dans des fermes. » Je note immédiatement ces lettres dans mon téléphone.

Je n'attends pas le dessert. « J'ai un truc de boulot, il faut que j'y aille je suis en retard ! »

BPREA. Je voudrais les écrire au stylo pour mieux les faire miennes, ces lettres, pour les redessiner encore comme on écrit son nom.

Je saute dans un taxi retrouver mes amis du journal.

En chemin je chantonne. Je ris toute seule, et Paris est joli : les quais illuminés les reflets de la Seine scintillent et carillonnent.

Arrivée auprès de mes camarades, je m'envole.

D'ailleurs, on est des voleurs : c'est la nuit au-dessus du Printemps, on traverse le magasin vide, on arrive sur le toit. Il y a sur les tables des centaines de petites lumières comme un tapis d'étoiles entre des bouquets de buissons, des fleurs. Il fait frais mais on est douze qui buvons jusqu'à plus soif, qui nous tenons chaud de sourires on se raconte des bêtises qui nous secouent de grands rires, avec nos épaules qui se frottent, nos bras qui s'étreignent, et pendant tout le dîner je ne dis que des je t'adore et n'entends que des oh toi alors, oh toi ne change pas ma chérie mais oui ma belle oh mon ami que tu es merveilleux. Je livre à mon ami Édouard ces lettres magiques, BPREA, mon abracadabra. Il éclate de rire : « N'importe quoi ! N'importe quoi ! Toi qui ne sais même pas faire la différence entre un concombre et une courgette, tu te vois faire tes conserves au fin fond de la Creuse ? » Oui ! Il sourit, me prend dans ses bras, Nathalie assure qu'un jour, elle quittera les plateaux de cinéma pour ouvrir une boulangerie, Erin, un surf camp, Sylvia, Sylvia non elle aime les clubs de jazz, les défilés, mais elle viendra, tous se mêlent au concert, ce ne sont que des rires tendres des « Toi alors ma chérie ! Tu es un génie ! », « On viendra manger tes légumes ! », oh oui, je suis saoule je rebois je ris j'ai les pensées qui cabriolent. Tout ça n'est peut-être qu'un rêve de plus ?

Je veux rester avec eux, mes trésors. Parce qu'avec eux, tout vit plus grand. Paris brille devant nous, les Invalides, le Sacré-Cœur, la Tour Eiffel, où que l'on se tourne, c'est beau. La ville est comme nos âmes joyeuses, nos esprits dansants. L'amour. Boire et rire et s'aimer et peut-être que ça pourrait suffire au fond, cette amitié qui me porte.

Un instant, je chasse de mon cœur un fond de tristesse. Je regarde mes camarades et me sens entourée de solitudes, comme ces courants brusques dans la mer, on nage la brasse et soudain un ruisseau glacé passe sous notre poitrine, entre nos bras. Ils me donnent ce réconfort-là. Étranges embrassades de gens trop intelligents pour ne pas savoir le vide, la peur qui me donnent un peu de chaud mais qui ont froid autant que moi.

Je lève les yeux, observe les autres tablées.

C'est là que je le reconnais.

Un des garçons du dîner, un homme en réalité, grand, à lunettes, pas du tout mon genre mais timide, maladroit, drôle m'a-t-il semblé et le voici qui s'avance vers moi, je me lève, il sourit, gêné :

— Je t'ai suivie, je sais ça fait dingue mais je ne le suis pas d'habitude je te promets, c'est juste que, bon voilà je voulais te revoir et demain c'était déjà trop loin.

Il a des lunettes. Un air sérieux. Une chemise blanche. Pas le genre à porter du léopard, à gratter sa guitare à cinq heures du matin, mais sa voix m'émeut. Cette phrase qu'il a dû répéter dans sa tête et qu'il me jette à la va-vite comme un môme débite une poésie. Son air de ne pas savoir quoi faire de lui-même. D'avoir peur que les gens s'en rendent compte. Ces blagues idiotes qu'il lance pour masquer tout cela mais qui me font rire, non pas parce que c'est drôle mais parce que lui l'est, avec ses bras qui ne savent pas quoi faire d'eux, sa voix qui se perd parce que je lui plais, je le sais que je lui plais et je ne sais pas de quoi nous parlons, mais j'ai envie de rester près de lui. J'oublie les autres et je me plonge dans le pisco sour qu'il me tend, je regarde ses mains, le mouvement de ses mains ses doigts son bras qui se presse doucement contre le mien de plus en plus tout doucement son corps, sa voix, sa voix tendre maintenant tout contre moi. Je ne sais pas ce qu'il raconte j'entends seulement que je ris ses yeux parlent aux miens et à la fin il me dit : je peux prendre ton numéro ?

Il est quatre heures, je rentre et Paris brille et je vais suivre des cours d'agriculture. Je vais embrasser ce garçon et traire des vaches et quitter le journal ? Non, non je vais tout faire à la fois, et rire avec Édouard et grimper dans un arbre et faire l'amour avec cet homme qui semble déjà m'aimer. Et moi, saurai-je aussi ? Il m'apprendra ? Et courir dans un champ de blé, avoir mon propre cochon qui paraît-il est plus joueur encore qu'un chien et faire mon propre fromage et sauver la planète et dormir dans ses bras et je serai heureuse.

Je serai heureuse ?

Les vaches

Il y a tant d'étoiles, on voit la Voie lactée. J'en ai le vertige, la tête à l'envers, de l'univers. Là-haut, qu'est-ce que c'est ? La lueur d'un chalet perdu ou un pan de ciel tombé par terre ? Les cieux se mélangent aux sommets. Les montagnes sont si près, on pourrait les toucher, on dirait des géants qui veillent sur la vallée, dans l'ombre, autour de nous. J'inspire fort, j'avance. Dans l'herbe grasse mes pieds rebondissent, s'envolent sur le tapis épais, il est quatre heures du matin je n'ai pas sommeil mes pieds veulent grimper jusqu'en haut des aiguilles, des à-pics, s'enfoncer dans la forêt voir ce qui vit ce qui bruit ce qui murmure.

J'avance. Devant moi un édredon de brume s'est posé sur la plaine, tient le village au chaud. J'avance encore, à peine quatre pas et le paysage a changé déjà : les sommets rougeoient. Là-haut, l'aube rousse dessine les déliés alpins.

Qu'est-ce qu'on est bien.

Comme j'ai eu raison de faire ce stage au beau milieu des Alpes, de tenter ce brevet agricole.

Là-bas dans l'écurie, Pierre vient d'allumer la lumière, les vaches se réveillent. Attendez-moi, j'arrive ! Sur le chemin une flaque de boue m'arrête de son clapotis joyeux, j'enfonce mes bottes en caoutchouc, lève la tête encore une fois, souris. J'ai comme une fièvre, la bougeotte, le sang neuf comme quand on a plongé dans l'océan froid, ce corps frais, après.

Au bout du sentier, une barrière de bois sépare le jardin de notre chalet – le potager, la remise, le pommier –, de la ferme : l'étable, les deux tracteurs et le grand tas de fumier. Quand le soleil est haut, les poules y farfouillent en quête d'épluchures. Chaque matin je leur fais don d'une peau de banane – mon casse-croûte avant la journée de labeur –, qu'elles me rendent le lendemain en œufs juteux. Ici rien ne se perd rien ne se crée tout se transforme, je suis du cercle de la vie, youpi. Je me hisse sur la barrière, regarde encore le paysage, avant d'aller travailler je vole un instant comme un rêve, c'est un tableau, non, c'est bien mieux, c'est un éclat, une surprise, une beauté qui me rend toute chose. Je me drogue au soleil levant. Ça y est, là-haut, on devine le col de la Bâthie : juste en dessous, je lui connais un lac turquoise où les bergers vont se baigner dans l'eau glacée les jours brûlants. J'y étais venue un été, pour goûter un peu au bonheur de Pierre et Katel, quand les vaches sont en alpages et qu'ils vivent sans eau courante, avec elles, au sommet.

C'est là-haut, dans les alpages, que mon amie de lycée a rencontré Pierre. Elle y tenait un refuge, en ermite. Il passait chaque soir avec son troupeau…

C'est sans doute la personne la plus brillante que je connaisse, elle est agrégée d'allemand professeure dans les villages alentour, pour rester ici avec Pierre.

Un jour au début de leur histoire, alors qu'elle avait des doutes, se demandait si sa vie n'était pas ailleurs, à Paris ou Berlin, elle s'en est ouverte à lui. Pierre avait alors quitté leur chalet, sans claquer la porte, calmement. Il était revenu deux heures plus tard, en lui tendant un petit paquet-cadeau rectangulaire : c'était un stylo. « Tiens, avait-il dit, moi je pense que ce dont tu as besoin c'est d'aventure intellectuelle, de pensée, de cette richesse-là, d'écriture, et on peut la vivre ensemble, mais si tu veux partir, alors pars. »

Je n'ai jamais vu plus beau geste d'amour.

Il avait tout compris, l'ensemble du tableau, pas juste son chagrin. Elle est restée.

Maintenant c'est presque l'automne, comme les hommes, les bêtes redescendent.

Assise sur ma barrière, j'avale une dernière bouchée de banane avant de la jeter dans le tas de fumier. Je me tourne de côté, prends mon élan, lève un peu la jambe, ma combinaison coince, j'insiste, insiste encore, la lève et… tombe à la renverse de l'autre côté de la pelouse. J'ai peur une seconde – l'âge, le fémur ? – et éclate de rire, par terre face aux étoiles.

Argh ! Des orties ! J'en ai plein le cou la joue le dos des mains j'avais oublié cette douleur acide, ce picotement brûlant qui rappelle les courses enfantines. Ici mon corps est sur un tapis d'éveil : chaque jour je me fais mal, me cogne, me coince, découvre un muscle inconnu de moi, ressens des sensations bizarres. Je me relève, sautille pour que la douleur s'en aille, et continue malgré moi de rire, étourdie de m'entendre, mon rire qui carillonne tout seul au grand air, mon rire solitaire au milieu de la plaine.

Me voici debout. Cette fois, je campe mes pieds, prends mon élan, envoie valdinguer la peau de banane vers le haut du tas de fumier. Gagné ! Chaque jour je l'envoie plus loin. Il est temps d'aller travailler. De retrouver Pierre, le seul agriculteur que je connaisse, le seul qui ait accepté de me prendre en stage pour mon BPREA, le seul à qui j'ai osé demander. J'arrive à l'étable, me saisis d'un des bâtons posés contre le mur, ouvre le loquet de bois, tire fort sur la porte, la cale avec le bâton, la porte grande ouverte sur les nuages à nos pieds, j'entre.

C'est énorme, une vache. Elles sont là, couchées sur leur paillasse de caoutchouc, leurs ventres étalés gros comme des canapés et je voudrais me coller entre deux gros flancs chauds caramel, crèmes, beurre salé… mais je dérangerais. Ça sent fort et bon, on n'entend que ce souffle, puissant, qui apaise. Certaines se font des bisous se reniflent ou se disent des choses par télépathie je ne sais pas, sur deux rangées, les trente grosses bêtes brunes font comme si elles ne m'avaient pas vue.

Les vaches sont taiseuses je ne dis rien non plus.

Pierre a disparu dans la remise, affairé à je ne sais quel souci.

Je m'empare de mon outil : le racloir – une sorte de balai auquel on a fixé une palette de métal –, et plonge parmi les bouses. C'est mon rôle : je nettoie.

Ce qu'il faut faire : saisir la molle masse brune, la faire glisser sous une grille qui la recueille en sous-sol, dans un ingénieux petit train, qui emporte le tout dehors, sur le tas de fumier. Dès le premier jour, la première heure de mon stage, Pierre m'a montré comment effectuer le bon geste, qui n'est pas si évident qu'on pourrait le croire : « Naaan, tu pousses ! Il faut tirer la bouse vers toi ! Tu poses le racloir et hop, un coup sec pour la pousser dans la grille ! » Ça fait dix jours que je suis là, je commence à avoir la main : je pose le racloir, me penche de tout mon poids et hop, je tire sur le gros tas flasque qui vient s'écouler entre les barres de métal. Je tapote, je grattouille, je fais du curling, je me débrouille. Il n'en reste qu'une trace sombre sur le tapis où Galaxie, la première vache à recevoir mes hommages, dort chaque nuit. Ça me fait plaisir pour elle, quand c'est propre. Jamais elle ne se coucherait sur ses propres excréments, en liberté. Je pousse un peu sa voisine, dont les fesses me gênent pour passer mon balai, elle maugrée, souffle. Soudain elle se lève, brusque et magnifique, un glissement de terrain, une montagne, un éléphant. Je repasse entre ses pattes maigres, tire fort vers moi, fort mais pas trop pour ne pas m'éclabousser non plus, fais disparaître la bouse, recommence avec les vingt-huit autres bêtes.

Leurs flancs me montent jusqu'au cou, ma tête seule dépasse entre les grosses fesses brunes, rousses, je dis bonjour, hello Lalalère, ben alors ma Lhassa comment ça va ce matin ? coucou Boulotte, bien dormi ? Elles me répondent en maugréant dans leur langage, ou, sans rien dire, d'une colère silencieuse, avec un infime tremblement des oreilles, un œil circonspect tiré loin en arrière. Les vaches, ça peut voir à 180 degrés, – et ceci explique peut-être cela – c'est très peureux. Ça n'aime pas la nouveauté. Même qu'il paraît que c'est pour ça qu'elles défèquent à tout-va. Alors que je passe avec mon balai, je vois des fions, roses et marrons, comme d'étranges yeux, s'ouvrir sans vergogne : long et mou comme une trompe, l'étron jaillit, tombe de la croupe brune en flaque de bouse, des flaques à mes pieds où je manque glisser… « C'est pas de la merde c'est de la bouse, ça sent bon ! » insiste Pierre. C'est presque vrai.

Lorette et Lhassa sont les plus jeunes et les plus révoltées par mon arrivée. Elles se tournent de côté quand j'approche, se tordent comme elles peuvent malgré la chaîne qui les retient par le cou à leur mangeoire, pour mieux me voir de leurs gros yeux noirs, ou, au contraire, pour m'empêcher de venir trop près. Je les aime quand même. Israël, elle, m'observe. Elle a des cernes bruns sous les yeux, une peau épaisse au-dessus qui lui donne l'air de froncer les sourcils. Une gravité. Elle me regarde comme elle rumine, elle me réfléchit. Parfois, quand elle est libre dans le champ, je la vois s'avancer vers moi, attendre un peu, me jauger, sa grosse tête au quadruple menton qui me fait face et, si je n'ai pas bougé, s'approcher encore, tendre vers moi son museau me renifler et, soudain, frotter sa joue contre mon bras, de haut en bas sa longue joue caramel, me rouler des yeux brillants en pourléchant ma manche de sa grosse langue grise. Parce que ma combinaison serait salée, dit Pierre. Moi je crois que c'est par amour.

Je balaye, j'ai mal aux doigts, un peu de corne déjà, mal aux bras.

Au début, je redoutais un coup de corne un coup de patte. C'est dangereux, une vache. C'est dangereux, ce métier. Les appareils à traire – les griffes, dit-on ici – me semblaient si lourds que je les portais à deux bras. Maintenant, une fois mon balayage fini, j'aide Pierre à installer les machines d'un pas guilleret, une griffe sur chaque épaule. Je n'ai plus peur non plus d'aller au grenier pour faire descendre, par un trou dans le plancher qui donne sur les mangeoires, des montagnes de foin, à grandes pelletées de fourche, dans un mouvement d'avant arrière comme rament les Indiens. On peut tomber. « C'est pas ça le plus dangereux ! m'a avertie Pierre, le plus dangereux c'est de glisser dans la fosse à lisier. Ah ça tu meurs en une seconde, c'est du méthane ! » Ici, c'est la guerre, des types ont perdu une phalange, d'autres ont failli mourir dans un accident de tracteur et même, il y en a un dans la vallée voisine, qui est mort à cause d'une

« prise de force », un truc qui tourne si vite qu'il suffit qu'un bout de manche s'y accroche et ça vous tue d'un coup, ça vous envoie au plafond. On a retrouvé une botte du trépassé incrustée dans les poutres de son hangar.

Ici, il faut faire attention.

Même pour installer les griffes à traire, il faut respecter un ordre défini : une vache, c'est une montre suisse. Elle n'accepte de donner son lait que lorsqu'elle sait que ça va être son tour, que c'est « comme d'habitude », après bidule et avant chouette, sinon elle n'est pas d'accord. Même que dans les élevages industriels, pour ne pas s'embêter, ils lui filent un petit cacheton pour provoquer la lactation. Ici non, ici il faut se souvenir que Jupette va avec Jambette et Galaxie avec Lalalère. C'est comme ça et pas autrement. Bien. Pendant que je m'affaire, Pierre inspecte les vaches. Qui va là qui va mal ? Elles le suivent des yeux, les mignonnes. Avec leurs fesses gigantesques et leurs cils d'amoureuses, quand elles vous regardent, c'est à vous fendre un cœur. Des pupilles immenses, profondes et pacifiques, des yeux tendres dans un corps lourd, et puis, cet air résigné, patient, de bonne mère de famille, avec cette même inquiétude : que va-t-il me faire encore comme bêtise celui-ci ? Je voudrais ôter leurs chaînes et papoter, mais c'est interdit parce qu'elles ont des cornes, qu'elles risquent de se battre une semaine pour définir qui est la chef, que c'est pour ça que Pierre les tient au garde-à-vous. Elles lui obéissent au doigt et à l'œil, soulèvent leurs cinq cents kilos quand il le leur demande.

C'est au tour d'Islande de donner son lait. J'y vais ! Je m'empare d'une griffe à traire, me l'accroche à l'épaule, arrive à hauteur de ma princesse. Je tapote l'énorme cul caramel, rebondi costaud alors que d'autres sont si maigres qu'on n'ose pas une caresse, on serait sur les os. Islande et sa voisine Boulotte refusent de se pousser sous mes tendres fessées. J'insiste. Rien. Pour elles, je suis une mouche. Tant mieux, je vais devoir me frayer un petit chemin entre les flancs épais, m'y enfoncer jusqu'aux oreilles, serrée bien au chaud.

J'entends soudain Pierre me lancer : « Vas-y, finis la traite si tu veux ! » Cette façon qu'il a de me donner des responsabilités, de me mettre son monde entre les mains, c'est les travaux manuels, tout le monde à égalité, un truc fraternel. Je n'en reviens pas : j'accepte. Je pose une main sur la croupe, comme il le fait, lui, pour rassurer l'animal, plonge la tête entre les pis : c'est mou, doux, rose, au bout d'une outre gonflée au pelage blanc. Il y en a de toutes les tailles et de tous les genres, certains tombent par terre tellement ils ont donné de lait, comme ceux de la vieille Urbaine, bientôt seize ans, une vache qui fait partie de la famille, la grand-tante de Pierre, quasi. Il lui parle doucement, avec déférence, baisse la tête avec respect devant les longues cornes noires. Elle passe toujours en premier, fait tout bien comme par hasard, prend les bons chemins, connaît sa place et s'y range sans qu'on la lui indique. Islande, au contraire, n'a que des brimades. Elle mange trop, grossit trop, ne tombe plus enceinte aussi facilement qu'avant, en plus elle aurait mauvais caractère. Avant la fin de l'année Pierre me l'a dit, il l'enverra à l'abattoir... Je m'identifie tellement, moi qui suis sans enfants, entre deux âges deux poids deux vies, inutile moi aussi, que je lui pose de gros baisers sur le cou, je la serre comme je peux dans mes bras, lui donne des accolades qui, je crois bien, lui font très peur.

Ma joue collée contre son ventre chaud, j'essaie de faire tomber une petite goutte de lait dans une écuelle, comme les autres le font toujours, à la main, pour vérifier qu'il n'y a pas de grumeau, pas de maladie. Si on mélange par erreur du bon lait à un lait malade, la traite est fichue. C'est difficile, de traire, ça ne vient pas comme ça. Il faut savoir enrouler ses doigts autour du pis, presser avec le pouce et tirer vers le bas, franchement mais doucement. Je tire. Encore. Recommence. Islande tape du pied. Ça ne veut pas j'arrête. Pierre me vient en aide, se penche, me montre. Un tour de main, ça coule, vlim, le lait est bon : il faut maintenant installer sur chaque pis les espèces de ventouses de la machine à traire, qui se lance immédiatement dans sa cadence infernale, son bruit de locomotive : dix litres en quelques minutes, matin et soir, vingt-cinq chacune chaque jour alors que quand Pierre était enfant, me confie-t-il, « huit litres, c'était déjà énorme ».

Il croise les bras, les pieds calés toujours en train de balancer, toujours prêt à s'élancer, à faire quelque chose. Observe… Il rajuste son large béret, pose sur moi ses yeux bleus si clairs qu'ils vous piquent et, de sa voix haute où danse un accent savoyard, me jette, solennel : « Ce que tu as devant toi ce sont des chevaux de course, tu sais. Des marathoniennes ! Donner ce qu'elles donnent chaque jour, c'est une épreuve, c'est épuisant. » Je ne sais pas s'il est fier ou triste.

Hier au petit-déjeuner, dans son chalet, assis sur les bancs de bois qu'a construits Claude, un camarade qui travaille avec lui à la ferme, Pierre m'a expliqué pourquoi il ne venait plus à Paris pour le Salon de l'agriculture, là où je le croisais parfois. Je regardais par la fenêtre sa collection de médailles accrochées à la façade de l'étable, il m'a souri, interrogée d'un mouvement de menton puis, tordant sa bouche dans une moue triste, m'a dit que pour lui, tout ça c'était fini. « J'en veux plus de ce système. Je suis paysan depuis mes douze ans, depuis que je suis né je trais, et je vois bien que ça ne tourne plus rond. On épuise nos bêtes. On a de moins en moins d'herbe à leur donner, à cause des parkings, des routes, des résidences secondaires l'herbe disparaît et on nourrit nos bêtes avec du soja OGM venu du bout du monde, de pays où les gens n'ont même pas de quoi se nourrir, mais où l'on cultive des OGM pour nourrir nos vaches à nous, pour faire de la viande pour nous, les Occidentaux. Un tiers de la planète est utilisé pour nourrir des animaux ! Tu te rends compte ? Un tiers ! La France est le premier pays importateur de soja du Brésil ! Sept kilos de maïs il faut, pour produire un kilo de viande ! Non, je ne sais pas comment tu vas t'en sortir, toi, tu commences, tu ne sais pas encore comme c'est dur, comme on nous pousse à faire trop, à faire mal, mais moi, j'en veux plus de ce système. Plus de concours plus de salons plus de démonstrations de force. Tout ça n'a plus de sens. On n'a plus assez d'herbe pour nourrir nos propres bêtes et on irait fanfaronner à Paris ? La moindre crise énergétique et on mourra de faim ! »

Je me souviens du jour où j'ai acheté ma combinaison verte à double fermeture Éclair, courue dans le monde agricole parce qu'on peut l'enlever tout en gardant ses bottes. Chez Duthilleul et Minart, un nom comme chez Flaubert, « fabricant de vêtements professionnels », rien qu'en passant la porte je traversais une frontière, je passais en coulisses, cuisines et tuyauterie. Il y avait là Ousmane, qui voulait une tenue de cuistot sur laquelle il pourrait faire broder son nom, une jeune chef coréenne qui cherchait des toques bien blanches pour son nouveau restaurant et quelques Philippines qui essayaient des tenues de femme de chambre. Ma combinaison sur le dos, je rejoignais les cols-bleus, les manuels : « Ce sera cinquante-trois euros. » Un truc que j'allais porter tous les jours. Une tenue rude, rêche, rigide, verte. « Vous êtes courageuse ! avait clamé la caissière, prenant les autres clients à témoin. Moi je suis fille de paysans, j'y retournerais pas ! avait-elle ajouté alors que je quittais la boutique. Ah ça, vous êtes courageuse ! »

Et folle ? Mon homme se couche alors que je me lève. Lui, c'est à Ibiza qu'il passe ses vacances. Je l'imagine plein d'oubli de moi, il danse, bercé de bulles de champagne secoué de baffles cerné de seins et de strass. Une vie que j'ai laissée tomber comme on quitte un manteau. Tant mieux, j'étais trop vieille.

Il me plaît, ce garçon. Un dîner, deux, quelques baisers dans sa voiture, un autre inoubliable contre mon piano, je ne sais pas ce que je fais dans cette histoire, mais j'aime cet étonnement, j'aime sa façon de doucement frôler ma peau j'aime qu'il frétille de loin, sur le trottoir, quand nous nous retrouvons, qu'il essaie de le cacher, j'aime m'apercevoir que je fais pareil. Curieusement quand je doute, quand me déplaît un mot, une veste – comme on est dur, au début, comme on a peur, comme on juge –, quand je me prends à le comparer aux autres, quand je voudrais mettre fin à cette histoire, sur un coup de tête, parce que ça fait trois mois et que j'ai peur d'avoir besoin de lui, il reste comme une évidence. Une évidence, avec son lot de terreurs.

C'est étrange. Comme un choix déjà pris. Je suis bien dans ses maladresses, ses angoisses secrètes, je suis bien sous ses yeux. Il y a une magie de sa présence que je ne m'explique pas. Je me sens amoureuse comme je sais que le soleil brille. Une sensation diffuse. Je ne sais ni pourquoi ni comment garder les rayons sur ma joue. Ça m'échappe.

Je vais sans doute me planter encore. Sûrement.

Mais maintenant j'ai ce BPREA, ce chemin qui n'est qu'à moi. Qui me tient.

Il est sept heures et demie du matin, la traite est finie, les machines rangées, nettoyées, le lait dans sa cuve, j'ai faim, je regarde Pierre… J'ai l'espoir d'une tartine grillée, d'un grand bol de café à la table où Katel et leurs enfants nous attendent. Mais, lui qui me saisit au moindre mouvement, un clignement de sourcil, la position d'un pied, fait comme s'il ne comprenait pas.

« Faut qu'on s'occupe de Galaxie, maintenant ! »

Ah… ? Je la couve des yeux, ma merveille, ma préférée, avec ses cornes comme une lyre au-dessus de sa tête et son regard droit. Elle a mal au pied. Un genre de sabot incarné… En entrant ce matin Pierre a tout de suite repéré la blessure : elle ne se tenait pas comme d'habitude. Le voici qui encloisonne la pauvre bête dans un cadre de métal, soulève sa patte gauche, la cale entre deux barres que je dois tenir serrées en appuyant de toutes mes forces sur une espèce de poulie… Elle essaie de résister tandis qu'il sort d'un placard une scie électrique, et, dans un bruit furieux qui la fait meugler de terreur, lui rabote le sabot. Je tiens comme je peux. Elle crie, mais je tiens. Je me demande qui je suis. Est-ce que dans dix jours, si Pierre n'était pas l'homme qu'il est, s'il me disait « il le faut ! » j'en serais à couper des oreilles à vif, comme on le fait aux cochons dans les usines à viande ? À leur limer les dents à les castrer à la chaîne et sans anesthésie ? C'est étrange de ne pas se reconnaître. Je me vois de loin, de très loin, dans ma combinaison verte, mes pieds calés dans mes bottes, usant de tous mes muscles, de toute la dureté que je ne soupçonnais pas en moi pour tenir cette pauvre patte. Le pied saigne, c'était infecté, Pierre le badigeonne d'un liquide bleu, je la libère enfin. Galaxie reprend sa jambe, grogne sa colère à qui, aux autres ? Elle meugle en allongeant le cou, en secouant la tête, furieuse.

Pierre s'affaire maintenant je ne sais où, je n'ose pas demander. Il faut lancer les inséminations, organiser le planning avec les autres employés, sa nièce Mélanie, Claude et Elsa.

Je reprends mon nettoyage, histoire de me rendre utile. Je nettoie je nettoie je nettoie. Une souris se faufile sous la paille, des hirondelles sortent de leur nid entre les poutres, il y a des toiles d'araignée partout. Ma combinaison verte est couverte de je-ne-sais-quoi, qui n'a pas d'importance.

Bientôt la sortie… L'herbe des champs, les prairies, la lumière, tout ce bonheur qu'elles sont si rares à avoir. Dix-neuf millions, rien qu'en France, j'ai regardé, et si peu dehors. Dix-neuf millions de vaches au cachot. Vite, je détache les queues des Tarines, nouées par un fil au plafond pour que, la nuit, elles ne se salissent pas dans la bouse. Je passe derrière chacune d'elles, j'ai l'impression de jouer à la coiffeuse avec de drôles de poupées, j'ai hâte qu'on sorte.

— Je vais les emmener seul au pré ! me crie Pierre, son bâton déjà à la main. Toi, reste ici pour l'instant, il faut nettoyer les enclos des veaux !

Bien. Pierre libère les vaches. Passe derrière elles pour les inciter à sortir. Je les regarde s'attrouper autour de la porte, meugler, se bousculer, sauter d'un bond une fois dehors pour s'extraire du troupeau, puis, toutes enfin sur la route, suivre le béret noir de Pierre, s'en aller en file indienne, avec ce lourd balancement d'une jambe sur l'autre, calmes comme un fleuve.

Huit heures déjà. En partant, Pierre a allumé la radio pour que je ne me sente pas seule, c'est RFM. J'oublie la faim en chantonnant du Véronique Sanson, j'ouvre machinalement l'enclos où les veaux ne sont plus. Mon cœur s'arrête.

J'ai appris il y a peu, bête que je suis moi-même et plus que les bêtes, des choses évidentes comme le fait que, pour avoir des œufs, il faut des poules et qu'on broie vivants les poussins mâles, et que pour faire du lait, il faut que les vaches accouchent d'un veau. Elles doivent vêler chaque année. Et le veau, alors ? Pierre ne veut pas d'un taureau chez lui. Trop dangereux. Il n'a pas les moyens d'en garder au pré pour le plaisir, de les nourrir par bonté d'âme. Personne n'a un taureau de compagnie.

Alors il les tue. Il les fait tuer.

Hier soir, j'ai emporté les deux derniers petits veaux à l'abattoir.

Je ne voulais pas y aller. Pierre a insisté.

Il a ouvert leur enclos pour les conduire dans la bétaillère : leur petite tête, leurs joues douces ont suivi la main qui les avait nourris et soignés depuis trois mois, ils la léchaient même, sûrs qu'il y aurait des caresses. Mais Pierre déjà s'était fait dur. On ne peut pas tuer gentiment. Il y a un mouvement du cœur, qui se retire comme la mer pour ne pas voir, ça se dessèche, ça se tarit. Je me souviens de ces « Allez… ! » énervés de sa voix qui montait dans la colère, comme il tirait sur leur licol. Déjà les veaux ont peur. Il les attache, referme sur eux les portes de la camionnette qui claquent, verrouille, ils sont dans le noir. Fini l'odeur de cuir chaud de foin doux, fini la paille sous le pied, c'est métallique, ça tape, Pierre a beau rouler lentement, on les entend qui se cognent aux parois dans les virages. Ce n'est presque rien par rapport à l'enfer que vivent les autres bêtes, aux kilomètres écrabouillés dans un camion. Parfois des jours entiers sans eau sans rien entassés de Dublin à Cherbourg, de Cherbourg à Amsterdam, de Paris à Istanbul. Eux, ils ne sont que deux, pas deux cents. Eux, ils ont reniflé l'air bleu. Mais…

L'abattoir n'est pas loin. À peine à quelques kilomètres d'une route qui serpente vers le fond de la vallée. C'est un petit bâtiment. En passant on dirait un dépôt, c'est anonyme, on se dirait « tiens, il y a quoi là-dedans ? » ou plutôt non, on ne se dirait rien. On arrive. On rouvre les portes du camion il fait grand jour dehors, un jour trop blanc qui fait baisser les yeux. Dans la vallée toute plate entre les montagnes, seule la rivière émet un bruit vague, somnole au bout d'un champ. Quand on les sort de leur caisse de métal les veaux croient, les petits fous, que c'est pour gambader. Ils lèvent les yeux vers nous. On baisse la tête, à la hâte, on tire la corde pour les emmener dans une pièce noire, maigre comme un couloir, à peine ça, en béton. D'autres veaux y tremblotent, enchaînés à un anneau de fer. Dans le noir. Je sais que ça sent la mort. Je suis certaine qu'ils savent et qu'ils passeront une nuit d'horreur, une nuit avant la vraie torture, à l'aube : entendre les cris des autres et savoir que c'est bientôt ton tour.

Je les ai laissés là-bas. Pierre les a attachés près des autres et je suis remontée dans la voiture.

J'aurais pu les acheter, ces veaux. 7,50 euros le kilo de carcasse, 600 euros la bête. Mais pour quoi faire ? Je n'en avais aucune idée.

Cet enfer-là, cinq millions de vaches le vivent chaque année en France. Et soixante milliards d'animaux dans le monde. Je me souviens, j'avais interviewé une femme qui travaillait dans un élevage de cochons. Parfois, on les tue à la masse, ça prend du temps, ça ne veut pas. On « claque » les cochonnets en frappant leur crâne sur les murs. On laisse les malades agoniser au milieu des vivants. Pour économiser.

En reprenant la route, je me sentais grave comme après le décès d'un proche, comme, un peu, après le décès de mon père. Soudain, tout pèse. C'est comme si l'on avait atterri après un séjour en apesanteur. Comme si l'on avait secoué la boule de neige du monde, redonné à chaque chose son poids réel, le léger là-haut, on l'oublie et le grave, le grave on est dedans. Chaque pas vous enfonce chaque sentiment vous empoigne. C'était pareil. J'avais gambadé toute la journée dans les Alpes comme un cabri maladroit et pataud mais quand même, j'étais Heidi, j'avais pris soin des bêtes, nettoyé leurs excréments pour qu'elles se sentent bien j'en avais jusque sur la joue et peu m'importait, je prendrais une douche après et mon corps rendu à la vie, mes yeux extasiés de vert, de beau, de grand, mon nez plein d'odeurs nouvelles aurait payé de peu son bonheur. Je venais de comprendre que tout m'échappait. Je ne savais rien. Rien de l'évidence, rien du noyau dur : la mort, la merde, le sang, la peur, la douleur, comment ça respire et comment ça meurt, ce que je mange.

Pierre s'était mis à raconter des histoires de blondes où je ne le reconnaissais plus. On aurait dit ces médecins en salle de garde, qui noient le souvenir de leurs patients agonisants sous un flot de chansons paillardes, en se mettant tout nus. Je sentais son cœur peser lourd sur son estomac. Sa voix lançait des blagues et retombait brutalement. Toujours plus bas. Il conduisait lentement, comme si les veaux avaient été encore là derrière nous comme lorsqu'on quitte une main aimée et que, jusqu'au bout, on en effleure les doigts.

Après ? On est passés à table. J'ai mangé du fromage. Je faisais des calculs dans ma tête : combien de bêtes tuais-je en mangeant un fromage ? Moins qu'avec un bifteck. N'empêche.

J'y repense alors que je balaie la paille où les veaux ne dormiront plus. J'avais envie de toucher la terre, d'être utile, de comprendre, pas de me faire mal. Près des veaux, dans le froid de l'abattoir, il y avait une vache, je ne peux pas y repenser sans plisser les paupières pour la faire disparaître, quand elle m'a vue elle a essayé de se retourner sur elle-même pour lécher ma main mais ce n'était pas possible, le box de béton était trop serré, alors elle a tourné vers moi des yeux pitoyables, des yeux qui roulaient sur eux-mêmes.

J'aurais voulu la prendre dans mes bras cette vache, et passer la nuit avec elle, sur son dos, on aurait folâtré dans une prairie bleue, dormi serrées cachées sous des branches de sapins. Mais non. Ce matin à quatre heures tandis que je sortais de mon lit, les veaux faisaient face à des couteaux reluisants, aux cadavres de leurs camarades enchaînés à des crochets de métal, derrière des portes en tôle.

Je suis fatiguée. Mon dos me fait mal j'ai de la bouse plein les chaussures j'ai entendu une vache meugler de douleur j'ai dû tenir sa jambe. Des frissons me parcourent. Peut-être parce qu'ici je saisis, c'est rien c'est juste un sentiment diffus au fond de soi, que moi aussi je suis un morceau de barbaque. Moi aussi, je mourrai. Mais ce ne sera pas, j'espère, pour nourrir un crétin qui ne finira pas son assiette.

J'ai faim.
Je cours petit-déjeuner.

De retour au chalet, je retrouve Gribouille plein de toiles d'araignées, les yeux brillants : par la fenêtre de ma chambre, il a vu des insectes, des oiseaux dans le potager, il a vu une vache passer, des fleurs voler, un chien. Il tend l'oreille pour un nuage, se frotte à moi, hume mes jambes, encore et encore comme s'il ne pouvait s'en décoller, ça l'enivre : j'ai rapporté la montagne. Allez va je t'emmène toi aussi, je vais te faire goûter un peu de vent, de fleurs des champs. Dans le jardin qui entoure le chalet, Gribouille sautille et fait des bonds. Ses oreilles s'agitent, son museau cherche à droite, à gauche, du sol au ciel, frémit, je n'existe plus, il est pris par l'univers. Une chenille, une branche du pommier, tout le surprend, l'attire, le prend.

Je dis que c'est Gribouille que je sors mais c'est moi. Je suis aimantée par ce jardin. Chaque minute passée là, nichés entre des buissons de mûres, me ramène aux heures enfantines, quand sur la plage on s'amuse à ramasser des cailloux pourquoi ? Pour le plaisir de les mettre dans un trou qu'on a creusé dans le sable, ajouter de l'eau. Inventer un monde.

Éprouver l'amour pur, celui que l'on ressent pour rien, juste parce qu'on est là, planté au beau milieu d'un paysage.

Je me penche où il se penche, tiens ! une coccinelle jaune ! Un escargot. J'ai lu que parfois, de petits vers les utilisaient comme des taxis pour aller plus vite. Quand un merle les attrape, c'est Paris-New York en une heure ! Gribouille et moi cheminons, nous extasions, stoppons net : un hérisson farfouille comme un petit chien dans une haie. Cette fois c'est trop d'émotion : le chat s'enfuit vers la maison et je le suis à grandes enjambées.

Ici, je cours. Je me suis demandé hier : quand courrai-je pour la dernière fois ? Quand ressentirai-je pour la dernière fois cet élan, cette envie de me jeter en avant vers l'horizon de lancer chaque pied chaque jambe les poings serrés ?

Je ne savais pas qu'un tel bonheur m'attendait. Que mon biotope, à moi, c'était une prairie. Que j'étais un coquelicot.

Ça m'émeut tellement que je m'oblige à cesser d'y penser, pffť, stop, c'est trop ! J'ai l'impression d'avoir effleuré un papillon. Il ne faut pas abîmer l'espérance.

Mais comment vais-je faire, à Paris ?

Il est neuf heures trente. Je profite de ma pause pour m'accorder une courte sieste. Ici je m'endors comme une souche. À neuf heures du matin comme à neuf heures du soir. Dès que je peux.

Mais, dans mes rêves, je travaille. Et, comme ces premiers jours de ski où, mauvaise skieuse, j'avais regardé mes pieds avec tant appréhension qu'en fermant les yeux dans mon lit, je voyais encore et encore des skis dévaler une pente, comme les premiers soirs de surf je revoyais la vague déferler sous moi, ici, dès que je ferme les yeux d'énormes anus de vache s'ouvrent devant moi comme des yeux de dinosaure, de dragon, déversent des litres de bouse brune. C'est mon œil du cyclone. La vérité de la vie.

Dix heures : la sonnerie du réveil retentit. Je me suis endormie tout habillée, m'ébroue de ma trop courte sieste, me relève comme un automate, en essayant de ne pas bousculer Gribouille, blotti sous les couvertures. Ma chambre est entièrement en bois, des chaises jusqu'aux lambris, de ma lampe de chevet dont l'abat-jour en laine diffuse une lumière moelleuse, aux trois étagères où j'ai déposé le modeste contenu de ma petite valise : une fois que j'y avais glissé ma combinaison, mes bottes et mes chaussures de montagne, je n'ai eu la place d'y mettre que trois chemises – dont ma C&A, à carreaux rouges et blancs, heureuse d'être au vert, assortie aux sapins, aux travaux des champs – trois t-shirts deux jeans deux pulls. Quand j'ouvre les yeux chaque matin et regarde mon étagère, la vie paraît simple. Dehors m'attend un beau vélo rouillé, trois sentiers, un village. Et des myriades de surprises :

animaux, plantes inconnues, mon cœur qui bat la chamade pour un coup de vent dans les feuillages.

Dans la cuisine – en bois elle aussi, station de ski, chalet, de ces décors qui disent tout de là où l'on est, avec des photos de vaches au mur et le poster d'un festival de théâtre local –, je me réchauffe d'un nouveau grand bol de café, avale une tartine Beaufort et pain grillé. Je suis prête.

Je reprends mon sentier, salue le potager où les salades lèvent haut leurs feuilles argentées, on dirait du bronze, des jets d'eau, un petit Versailles, passe sous la branche basse du pommier – il est couvert de pommes rouges comme des rouges-gorges prêts à l'envol –, escalade la barrière, contourne l'étable maintenant vide où je le sais un chat sauvage prend chaque jour ses appartements, court après les souris, dort au chaud dans la paille. Derrière le bâtiment, Claude m'attend à l'avant de son pick-up Toyota. Pour m'emmener rejoindre Elsa aux montagnettes, ces alpages de mi-saison où l'on garde les génisses. Je reconnais l'autocollant « la montagne, ça vous gagne », le tas de cloches de vaches dans la benne. Je grimpe à l'avant. Il démarre et Linda Lemay se met à chanter. Claude, comme à chaque fois qu'il me voit, me dégaine des coups d'œil en rafales, je lui sens des farces et des questions plein la tête mais il n'ose pas, demande simplement : « Tu aimes Linda Lemay ? Tu préfères Jean Ferrat ? » Allons-y pour « pourtant… que la montagne est belle… » Il chante, trace à tout berzingue dans des lacets inquiétants, me lance des questions que je ne comprends pas, à cause de cet accent savoyard qu'il a si fort, lui qui à soixante ans passés n'a jamais quitté son village, un homme qui n'a pas vu la mer, à cause aussi d'un champ lexical inconnu de moi. J'ai pourtant l'habitude d'interviewer des gens qui parlent une autre langue, « bullet points » et autres mots anglais imbéciles qui rassurent les quinquagénaires, mots scientifiques qui vous laissent à la porte, abréviations de technocrates angoissantes, je sais faire semblant de comprendre. Là non. Je ne comprends vraiment rien du tout. Je demande à Claude de répéter, une fois, deux, après j'arrête pour ne pas le vexer, je veux m'intégrer alors je fais juste un étrange oui non de la tête, des moues vagues mais extrêmement enthousiastes, un embrouillamini de sourires et de syllabes qu'il ne comprend pas plus que moi.

On arrive. Le village de là-haut ressemble à ces images de puzzles pour enfants. Sur les sommets quelques aplats de neige éternelle étincellent encore, si blancs qu'on les croirait bleus. Trois nuages naviguent doucement entre les montagnes, entre les forêts de sapins. Autour des chalets épars, des vaches paissent tranquillement, dans un joyeux concert de triangles.

Elsa, vingt ans, bandeau dans ses épais cheveux noirs coupés court, me tend un monceau de piquets. Elle-même s'en charge plus que de raison, dans une espèce de carquois qui me paraît faire le double de sa taille. Elle enfonce une botte dans l'herbe haute en fronçant les sourcils comme avant une dictée, m'encourage en riant : nous voilà parties à travers champs. Chacune à notre affaire, à planter nos bâtons, à tendre le fil électrique qui empêchera les bêtes de se sauver. La pente est rude, parsemée de boutons d'or, de fleurs sauvages – il y a des petites violettes qui, je l'ai lu, sont en voie de disparition… comme quinze pour cent de nos fleurs sauvages, quatre-vingts pour cent des insectes et aussi un tiers des oiseaux… « Agis plutôt que de t'angoisser, agis, regarde comme c'est beau », me dis-je. Au loin les nuages jouent avec la terre à dessiner des ombres et des lumières, j'avance, mes pieds bien à plat sur le sol, de toute leur semelle comme Pierre me l'a appris. J'appuie de toutes mes forces sur les piquets pour les caler dans la terre, les yeux grands ouverts sur les prairies, les hêtres, les noisetiers, les ormes, les mélèzes. J'essaie de tout connaître, reconnaître. Ici, comme en Toscane, j'ai appris la course du soleil, les changements de couleurs qui me laissent interdite, je croise en amie une branche qui volette un peu trop bas sur mon passage, un ruisseau, je salue un champ. Elsa a disparu sous un relief vert pomme, tout est vert maintenant que le soleil est haut, vert-jaune, vert sombre, vert doux, vert éclatant. Je n'en reviens pas de monter si haut avec mes deux jambes, j'ai chaud, défais les manches de ma combinaison, les noue autour de ma taille. Je longe une forêt de sapins bleus, contourne un abreuvoir, marche et marche encore.

J'ai l'impression que la montagne me porte, qu'elle fait remonter une sève en moi, m'envoie des flambées volcaniques. Oui, je me sens une force de la nature.

Nos piquets plantés, il faut maintenant remonter la pente, pour aller voir les génisses, ces veaux femelles qu'on garde, dans un champ à part avant de les rentrer avec les autres. C'est haut. Nous prenons la petite voiture d'Elsa. Elle conduit les mains crispées sur le volant, en serrant les dents et en poussant des « ah zut, ah zut zut zut j'aime pas ces routes ! Ça m'embête ! », moi aussi. Elle garde le front collé au pare-brise. Nous pataugeons sur une route de terre, mille créneaux pour un tournant, sous moi les pentes me fichent des sueurs froides, mourir ici c'est beau, mais pas maintenant, enfin, nous arrivons. Elle me lance un sourire espiègle.

Dès qu'ils nous voient les petits veaux se précipitent à notre rencontre, dans un carillon. Comment parviennent-ils à courir dans un champ si pentu ? Moi, je glisse vers eux, on se rejoint, les voici qui m'entourent, me poussent avec tant d'entrain que j'en tombe sur les fesses, roule sous leurs bisous, leurs fronts où le pelage ondule et dessine une étoile, leurs larges narines qui me reniflent… mon cou, mes cheveux, ma joue ça chatouille. Mais ce n'est pas moi que les génisses attendaient. Pfft d'un coup elles s'évadent s'enfuient le plus loin possible… Elsa, elle, qui connaît leurs prénoms, les reconnaît à une tache, à une corne, une allure, un regard, remporte leurs suffrages. L'une des génisses est restée seule au bout du champ. Elle tente d'avancer hésite se force s'arrête regarde les autres comme on appelle au secours sans oser le dire. Comme on se dit « alors donc, on m'abandonne ». « C'est Othello ! s'écrie Elsa. J'en étais sûre ! Elle s'est déboîté une épaule… »

L'air de rien, on observe la pauvre petite tenter de trottiner, maigrelette, vers les autres, elle n'ose pas poser sa jambe douloureuse sur le sol, tremble sur ses trois pattes. Nous retournons à la voiture chercher du foin, vérifions en passant que l'eau coule bien dans leur abreuvoir. Les génisses maintenant ont rejoint Othello, l'entourent de leurs soins. Il faut prévenir Pierre. Faire venir l'ostéopathe.

Rouge et rutilant, le Terratrac de Pierre, un tracteur conçu pour la montagne, surgit enfin sur la route en contrebas du champ. Il en descend, inspecte, la main en rebord de casquette, me hèle. Je le rejoins en dévalant la pente, me lève et boum, je glisse je tombe. Je recommence.

Galaxie s'est échappée ! Il me dit cela alors que je me hisse tant bien que mal dans son tracteur en évitant – ça m'est arrivé hier – de me donner un grand coup dans la tempe en ouvrant la portière. Pierre conduit vite, c'est pentu, j'ai le vertige depuis ma folle histoire de parachute, quelle bêtise, et j'aperçois un virage où je sais bien que, derrière la haie de sapins dégarnie, il n'y a qu'un ruisseau, cent mètres plus bas. « Je crois savoir où elle est ! » assure-t-il. Moi, je ne peux m'empêcher d'être heureuse pour Galaxie, libre au milieu des pâquerettes, dans une forêt, des sous-bois gorgés de violettes et de pousses de fougères… Est-ce qu'elle se régale ? Mais Pierre parle des loups. Des ravins. Du froid de la faim. N'empêche, je nous imagine gambader ensemble, elle et moi, je boirais un peu de son lait même si je n'aime pas ça. Ce serait sympathique.

Mais comme toutes les vaches, Galaxie n'aime pas la solitude. Pierre est certain que si nous faisons passer le troupeau sur le chemin qui borde la forêt où il la croit cachée, elle les rejoindra. On tente le coup.

Arrivés sur les lieux il me poste sur la route, mon bâton à la main. Lui va guetter notre rebelle et moi, pour la première fois, il me revient de lancer au troupeau le « Vaïta » que les autres bergers hurlent à pleins poumons, un cri en patois qui est censé dire « debout les vaches suivez-moi ! » Je me lance. « Va-ï-ta ! » Me sens sotte. Muette. Ridicule. « Vaïta ! » Je manque de voix. Pierre attend, dépité. Les vaches n'ont même pas tourné la tête. « Il faut que ça porte plus ! » Je tente encore, je ne sais pas faire, on n'a plus l'habitude de crier pour qu'on nous entende de l'autre côté des vallées, je crie plus fort, encore, encore, enfin un échevelé « VAÏÏÏÏÏ TAAAAAA » surgit de moi et voilà : mes poumons s'ouvrent ma voix porte haut et voici que les vaches arrivent, tout étonnées de m'obéir. Elles me caressent d'un œil tendre en arrivant à ma hauteur…

Je prends la tête du troupeau, les conduis à un autre champ quelque cent mètres plus loin. Pierre suit derrière, aux aguets, surveille la forêt.

À la hauteur du pré suivant, j'ouvre une barrière, les vaches entrent. Et là, miracle… Galaxie surgit en trombe. Oui c'est elle, avec ses larges traits blancs autour des yeux qui lui donnent un air de Greta

Garbo, son museau fin, d'un noir vif, ses cornes qui partent à l'horizontale et hop, dessinent une jolie virgule dans l'air, Galaxie est revenue ! Et Jambette, sa copine Jambette sa camarade de chambrée, bondit vers elle et l'embrasse, colle son museau dans son cou. Leurs yeux sourient, les voici qui s'élancent comme Laura Ingalls dans sa prairie, légères, volantes, virevoltantes, cabriolantes, on dirait qu'elles dansent un quadrille dans leur pré plein de fleurs fraîches, roses, jaunes, bleues, constellées de soleil, des fleurs sauvages qu'elles arrachent de leur bouche géante, passant leur grosse langue sur leurs lèvres.

Comment les remercier ? Je leur dois d'être là, d'écouter avec elles le chant des ruisseaux, de sentir la fraîcheur humide des bois de sapins, de remonter des pentes où je ne fais que tomber à la renverse, je leur dois de me sentir un homme.

Il faut qu'il voie ça, mon amour. Il doit, il comprendra, il laissera tout tomber lui aussi, rien qu'en s'asseyant dans l'herbe, on n'a plus envie de courir comme un rat dans sa roue, on se sent plein, fort, un petit soleil.

Je me pose au beau milieu de la prairie. Un vent léger soupire, les brins se courbent, des petites feuilles dont j'ignorais le nom avant de commencer mon BPREA.

Dès le lendemain du dîner j'avais appelé. Je suis allée m'inscrire au lycée agricole du Robillard, en Normandie. À la gare de Lisieux, j'avais loué une voiture : elle montait, descendait des collines vertes sous des cathédrales de chênes et de hêtres, j'étais portée ; on aurait dit qu'une autre tenait le volant, avait pris possession de moi. Un désir venait de trouver sa sortie, de l'air, de quoi déployer ses ailes, et, soudain, il agissait. Je me suis assise dans une salle de classe face à un tableau blanc, j'ai rejoint à la cantine, avec les yaourts et les grosses cuillers qu'on peut plier de sa main, une trentaine d'autres adultes comme moi, préoccupés et curieux. Il y avait là des fils d'agriculteurs qui voulaient reprendre la ferme de leurs parents, une femme qui souhaitait faire pousser des plantes médicinales, une autre qui aimerait ouvrir une épicerie bio ambulante, tirée par un cheval, « l'équicerie », un type de la Poste qui voudrait tout simplement apprendre à nourrir sa famille pour lui épargner des cancers, et moi. J'ai reçu les polycopiés des cours, il y a du droit, de la compta, de la chimie, des équations bilans des choses que je ne soupçonnais pas mais, surtout, il y a le nom des plantes, comment elles poussent, l'azote le phosphore le potassium les oligo-éléments, ce qu'il faut donner à manger aux bêtes. J'ai reçu ces cours par correspondance comme on reçoit un grimoire. C'est drôle : j'avais peur de mon rêve. Il me semblait qu'il m'éloignait des autres. Aujourd'hui ça m'est égal. Il me rapproche de moi. C'est comme un ticket que je me serais donné pour un grand huit avec mon âme. Comme lorsque j'ai hésité à adopter mon Gribouille. « Célibataire avec un chat ? Ben… tu vas être célibataire pour toujours ! » me disait-on. Une amie m'avait assuré qu'au contraire, il fallait suivre ce mouvement du cœur : « Lance-toi ! Tu ne sais pas où ce chat te mènera, peut-être que tu rencontreras l'homme de ta vie en allant le chercher, ou qu'il sera vétérinaire. Lance-toi ! » Elle avait raison. Gribouille, sauvage et nu, a glissé un peu de nature dans mon appartement. Elle a franchi mon seuil sous son pas silencieux. Il ne parle pas mon langage, je ne lui apprendrai rien, il ne m'obéira jamais c'est par son silence qu'il me mène à d'autres royaumes où la vie est gratuite. Ce « brevet professionnel pour devenir responsable d'une exploitation agricole » me procure la même émotion. Je découvre que l'on peut se nourrir avec de la terre une graine de l'eau et du soleil. Et vivre. Vraiment. Vivre.

Je découvre que j'habite un miracle.

Ainsi, je sais maintenant que cette chose qui pousse au pied du chêne, là-bas, et qui a envahi les allées du jardin de mes vacances, s'appelle du rumex. Ça se mange ! Il y a des fleurs roses, un badinage, des clochettes tout près de moi, c'est de l'oseille paraît-il et ça se mange aussi. J'en cueille une tige, pour voir sa feuille de plus près. M'émeut soudain de l'avoir tirée hors de la vie. Ce pouvoir de l'homme : quel autre animal arrache par plaisir ? Par vague à l'âme. Par curiosité. Pour ne pas avoir à se pencher.

Deux minutes à peine et la feuille dans ma main s'est flétrie, elle est toute tordue triste, a perdu forme et vie et je ne peux défaire le tourbillon qu'est devenue sa limbe

– je viens d'apprendre le mot, il désigne la partie plate de la feuille – sans l'abîmer plus encore. Je lui donne un baiser et l'envoie mourir au pied d'un buisson.

Plus loin, la pelouse s'éclaircit : des tiges blondes et duveteuses tendent au vent leurs graines d'un jaune tendre, notes de musique, portée d'un chant que seuls entendent les papillons, les sauterelles. Près de mon chêne, je m'attarde sur un boulevard de fourmis… émerveillée de rien, courbée sur des êtres que je pourrais exterminer par jeu, j'ai quatre ans mais je m'en moque : je suis payée de ma candeur par la découverte d'autres fleurs blanches, petits cotons que je n'avais jamais admirés.

« Je cours après l'herbe », répète Pierre. Je n'avais jamais regardé l'herbe comme aujourd'hui. L'herbe est de plus en plus rare.

Tous les sept ans, en France, on bétonne l'équivalent d'un département.

Oui, je regarde l'herbe comme un trésor. Un truc dont les vaches, par quel éblouissant tour de magie !, vont faire du beurre du lait de la crème fraîche des yaourts des fromages de la crème chantilly des sabayons des Gervita… tout ça avec un brin de pissenlit ! Je les aime, ces magnifiques. Elles broutent sans se douter de leur génie. On me dirait que mon voisin du dessous vole la nuit dans les airs autour de la Tour Eiffel, je n'en serais pas plus ébahie.

Les cerises

15 h 30. Encore une sieste dont je me réveille en me demandant où je suis. Au Japon ? C'est le même décalage horaire, la même impression de vivre en dormant : des heures comme des rêves, on flotte entre un jour flou mais lumineux, éclatant, et des nuits qui n'ont plus de fin.

Pierre toque à ma fenêtre. Son cousin nous attend pour le goûter – moi qui espérais maigrir à la campagne, je me bâfre de pâtes au Beaufort, de tartines pantagruéliques, je mange pour douze –, son cousin Gilles, un homme qui est resté en mai 68, un paysan un vrai.

Sur le chemin, assise les genoux au menton dans la 2 CV tonitruante de Pierre, du gospel en cassettes à fond (il révise pour sa chorale), j'imagine Gilles en Georges Moustaki, en Brassens, sympathique et poilu, la voix et les idées claires. Il habite un village perché sur une colline, dans la même vallée mais dissimulé de notre hameau par une petite montagne couverte de sapins. Cheveux grisonnants et mi-longs, chemise de bûcheron retroussée sur des bras encore musclés, bronzés désormais pour toujours, l'œil ardent, il nous attend devant la porte de son chalet, un chalet imaginé par son beau-père architecte, avec des fenêtres bizarres, partout, un chalet futuriste et joyeux, qu'on dirait sorti d'un Woody Allen. Nous nous asseyons à une grande table de bois, sous un cerisier dont je pourrais cueillir les fruits rien qu'en tendant la main, si c'était la saison, mais ça ne me manque pas parce que nous buvons du jus de cerise fait maison, avec des tartines à la confiture de cerise faite maison aussi.

Ils sont là pour discuter, Pierre et lui, tous deux de la même famille, de la même histoire, les mêmes mains épaisses et les épaules fortes, et cet accent venu du loin, un accent qui me semble un chapeau chinois, incongru et merveilleux, un voyage. Mais une fois échangées les nouvelles des femmes et des enfants, le silence se fait.

— Alors ?

— Ben t'as vu !

Leur a pris dix minutes.

Ça sirote en regardant au loin. Je ne sais pas ce que je suis venue faire là mais ça m'est complètement égal. Je suis bien, on me trimballe comme un petit chien. Moi qui à Paris remplis la moindre seconde d'une brassée de mots pour camoufler ma présence, ici, j'arrive à ne rien dire. Je fais comme les vaches. J'ai quelques onomatopées. Pour des fatigues, des émerveillements. J'ai deux trois oui d'accord obéissants. Mais les idées saugrenues qui me fleurissent ici de partout, je les garde pour moi et mange une deuxième tartine.

— Maintenant, c'est foutu.

— Foutu ! Six vaches ça me faisait !

M'a pourtant l'air d'un appel à prendre part à la conversation. Devant la gravité de la situation, j'ouvre un œil interrogatif.

— Ben t'as pas vu ? me bouscule Pierre. Depuis d't'à l'heure on t'montre notre champ qu'a été emporté par une coulée de boue. Tu vois pas ?

Et d'un coup je regarde plus loin et je vois : devant nous, à une centaine de pas, au ras du hameau, la montagne s'est effondrée. Plus de sapins plus d'herbe plus de prairies, rien qu'une coulée de boue mêlée de pierres nues.

— Et quand j'pense qu'en plus ils vont nous agrandir la départementale ! Encore deux hectares de prairies en moins !

D'où vient cette coulée de boue que s'est-il passé que se passe-t-il ? Ils n'attendaient que ma question, ça y est, ils se lancent :

— Ben y a qu'la terre s'réchauffe ! Là où tombait de la neige, avant, maintenant c'est de la pluie ! Et la pluie, ça s'infiltre, ça fait de l'érosion. Résultat, au printemps, la montagne s'écroule !

J'en reste bouche bée.

— Et y a pas qu'ici, il paraît qu'on est allé sonder derrière, ils ont dit qu'il fallait pas s'inquiéter mais moi je suis sûr que c'est pareil. Ça va s'effondrer. T'as vu cet été le nombre d'alpinistes qui sont morts parce que la pierre est plus fragile ?

— J'ai un ami qui est guide sur le Mont-Blanc, il m'a dit qu'il n'avait jamais vu autant d'éboulements. Jamais !

Pierre tourne vers moi ses grands yeux clairs derrière ses lunettes :

— Six vaches, tu comprends ce que c'est six vaches, sur un troupeau de trente ? Ici j'avais du foin pour six vaches au moins, maintenant je fais quoi ? C'est que des cailloux, de la boue, y a rien à en faire. Je suis monté voir au-dessus, ça va tomber bientôt je pense, ça m'avait pas l'air solide !

— Tu es monté ? T'aurais pas dû.

— Bah je connais, je sais ce que je fais.

— T'aurais pas dû.

(Silence de la longueur d'une tartine que je n'ose pas manger.)

— Et tu disais que le Gauthier allait encore nous agrandir la route ?

— Ben t'es pas au courant ? Il veut se faire réélire, lui. Il n'a toujours pas compris ! Chaque hiver il doit armer des canons à neige pour faire skier les Lyonnais mais il agrandit la station ! T'as pas vu le nouveau bâtiment ? Neuf cents lits froids ils nous installent ! Neuf cents ! Avec les parkings qui vont avec et bientôt une trois-voies ! Ça me fait bien encore quatre hectares de prairie en moins cette histoire !

— Les Lyonnais c'est les pires. Le voisin, là, je le dis à voix haute il le sait, je le supporte plus c't'imbécile ! Il vient tous les week-ends me foutre du Round-up autour de mon potager, parce que quand il sort de sa voiture pour aller chez lui, il passe à côté et il n'aime pas que j'aie des orties.

— C'est pas vrai ?

— Un idiot ! Je lui ai dit, pourtant : les orties, je les garde exprès, ça attire les limaces, ça protège mes légumes ! Tu crois pas que l'hiver dernier il a appelé un huissier parce que j'avais mis de la neige dans son jardin en déblayant ? Alors que la montagne s'écroule ! Qu'il y a des migrants qui meurent par dizaines chaque jour ! Tu ne crois pas qu'on a plus important à gérer ?

J'imagine ce Lyonnais, un type qui « parle pointu », un genre de dermatologue, qui sait, qui aime la montagne, l'air pur, mais pas se piquer les chevilles quand il rentre chez lui. Ça pourrait être moi. Pourquoi ne supporte-t-on plus la moindre gêne, la moindre petite douleur ? Vivre en Costa Croisière, voilà ce à quoi l'on aspire, pas la moindre résistance, pas le moindre mal, comme si c'était possible. Une vie ouatée, sourde et muette, empaquetée dans du coton avec écrit dessus « fragile », ça vous tient à distance, le monde disparaît, il devient : une jolie toile de fond pour un selfie.

— Et moi, mon voisin, tu sais ce qu'il m'a dit ?

— Qui ça ? Celui qui a monté l'agence immobilière, là, Lambert ?

— Lambert ! Cet été je l'ai croisé dans les alpages, il m'a demandé si je pouvais pas enlever les cloches au cou des vaches, juste le temps d'une visite d'un chalet pour des Parisiens. Il m'a dit : « J'ai peur que ça les rebute… ! »

— Déjà que tout l'été on nous interdit d'épandre du lisier parce que ça sent trop mauvais pour les touristes… Ça devient n'importe quoi ! La terre ce n'est pas pour faire joli, c'est notre gagne-pain, c'est nous qui l'entretenons, qui empêchons les ronces de bouffer les champs.

— Et tiens, quand on est montés aux alpages, j'ai eu des types qui klaxonnaient derrière le troupeau ! Tu te rends compte ? Avant, tu te souviens comme c'était la fête ? Tout le monde était dehors pour nous voir passer, tout le monde aux fenêtres, c'était bien. Maintenant un Parisien qui reste pendant toute la remuée, trois heures, trois heures derrière moi !, à me dire comme quoi je montais trop lentement, comme quoi j'aurais dû toutes les mettre dans un camion ! Quand je pense que cette route, c'était un chemin agricole ! Quand je pense que même leur eau, ils nous la doivent, que c'est nos parents qui ont trouvé les sources…

— Et puis à force de venir chez nous ils font grimper les prix… Je ne suis pas sûr qu'Émile pourra reprendre la ferme. C'est trop cher.

— Même avec les aides ?

— Même avec... On nous demande plus d'être paysans, on nous demande d'être des industriels, de faire de l'industrie avec du vivant ! Ils s'en fichent des vaches !

— Exact !

— T'as vu les nouvelles installations de la coopérative ? Mais c'est pour combien de litres ? On s'est pris pour Danone ? Combien ça va nous coûter ça encore !

— C'est simple, moi, je ne peux pas produire plus. J'ai moins de terre, et je ne veux pas donner à mes vaches du maïs OGM...

Ils se taisent soudain. Reprennent quelques longues minutes plus tard :

— Les vaches de Guillot, tu les as vues ?

— Non ?

— Épuisées ! À la fin de l'hiver, elles ne tiennent plus debout. J'ai honte quand je les vois passer. Plus debout !

— Et il paraît qu'il va encore agrandir son exploitation ! Cent vaches on m'a dit ?

— Cent ! Cent ! Alors que soixante il ne les nourrit pas...

— Parce qu'en augmentant le cheptel, il va recevoir des aides de la PAC... m'explique Gilles.

— Tu comprends ?

— C'est toujours la même chose ! Le fric le fric le fric. On prend notre fric pour aider des lobbies qui nous font bouffer de la merde. Mais de la merde en gros. De la merde qui rapporte.

Au lycée agricole où je devrai passer cette année une journée par mois en plus de mes cours du soir et de mes stages, l'un de mes professeurs m'a expliqué : il y a des subventions de la PAC indispensables, sans lesquelles certains petits agriculteurs ne pourraient pas vivre, mais il y en a d'autres qui viennent en aide à des paysans qui n'en sont plus, qui gèrent un business, des poules ou des clous, pareil, ils se fichent de l'animal, de la terre, de nos estomacs. « Je me souviens, j'avais quatorze ans, m'a-t-il confié, on était dans les années soixante-dix c'était mon premier stage, dans un élevage de veaux, les animaux étaient maintenus dans des cages étroites, incapables de se tourner sur eux-mêmes et engraissés, pour faire plus de viande, et anémiés, pour qu'elle soit bien blanche. Le type avait vu grand parce que la PAC pousse à voir grand, à faire du chiffre. Pendant qu'on visitait – ces centaines de cages je n'oublierai jamais, et pourtant c'était rien comparé à aujourd'hui –, une des bêtes a eu une crise cardiaque. Elle s'est écroulée, morte. Le type était furieux. Je lui ai dit : "Vous pourriez le manger pour ne pas gâcher ?" Il a hurlé : "Bouffer ça ? Mais ça fiston c'est de la merde ! C'est à peine bon pour les Parisiens !" »

— Faut changer les subventions. Faut changer tout le système, s'emporte Pierre. Quand je pense à tous ces gens qui consomment, qui consomment, qui ne se rendent compte de rien !

— De toute façon, il va s'effondrer, va, le système ! Depuis le temps que j'attends, je commence à voir que ça se profile…

— Ça, ou on va tous crever.

Je me mets en veille, reprends du jus de cerise. Une phrase encore, vaguement, vient me heurter les oreilles : « La France n'est plus autosuffisante ! On importe cinq millions de tonnes de soja transgénique ! Chaque année tu entends ? Cinq millions de tonnes ! Du soja OGM, aux normes brésiliennes, avec quatre fois plus de glyphosate que chez nous ! Et les vaches le mangent, et nous on mange la vache… »

Je ne savais pas. Moi, je sais tout sur Laetitia Hallyday…

— Rien que le mot « exploitant ! » reprend Pierre. Exploitant ? Mais moi, je n'exploite pas la terre, je n'exploite pas la planète, j'en prends soin !

— Nous, on est des paysans ! disent-ils en écho. Pierre me regarde, s'arrête et, avant de finir de boire son verre de sirop, comme pour s'excuser de son emportement, sourit en me montrant à Gilles : « C'est une stagiaire qui ne sait rien, tu comprends, il faut tout lui expliquer. »

Gilles sourit :

— La pauvre…

En rentrant dans l'écurie pour la traite du soir – renfiler mes bottes, ma combinaison, porter les tabourets pour la traite, les seaux, me pencher sur mon balai, mes doigts endoloris mes cuisses qui en ont marre – j'en ai marre aussi. Je repense à tous ces soucis dont je me tenais loin et j'étais mieux, dans l'ignorance, à Paris. Les bêtes sont rentrées, fatiguées elles aussi, il faut attacher leurs queues, je me saisis de celle de Galaxie, qui farfouille le foin que Pierre a déposé dans sa mangeoire. L'entrain n'y est plus.

Dix jours ici ça fait vingt ans. Mes bottes sont pleines de boue, lourdes, lourdes comme un boulet, ma peau sent la vache, mes mains sont calleuses, mes ongles noirs, le joug pèse sur mes épaules. Je voudrais secouer hors de moi cette montagne de malheur. Je voudrais partir.

Je ne touche pas la terre, elle m'écrase. Oui. Je suis écrasée, écrasée tout en bas avec les vers et les autres bestioles, il me semble que Paris est un rêve une folie une bulle où je voudrais m'évader à nouveau, oh oui, dis, on va chez WHSmith boire un chocolat chaud ?

Tandis que je passe mon racloir pour pousser les nouvelles bouses sous la grille – ça n'en finit jamais, je suis Sisyphe –, la radio passe un tube des Maroon 5. Un jour, je suis allée à un de leurs concerts à New York, au Madison Square Garden même que ce n'est pas du tout un jardin, et comme l'ami qui m'accompagnait les connaissait bien, on était allés dans leurs loges, il y avait Rihanna qu'elle était belle ! on avait papoté toutes les deux trois minutes elle avait dit : « *Yeah it was amazing ! Especially that song when...* »

Après, on était tous montés dans leur van, avec le groupe, pour sortir du bâtiment, je me souviens de leurs voix hautes, éreintées mais enthousiastes, des cris de joie leurs voix, je me souviens de leurs rires vainqueurs. On est sortis du parking et les fans hurlaient dehors et c'étaient les rues de New York, New York bon sang, on avait fait la fête dans je ne sais quel hôtel, sur le toit, sur un toit de New York ils étaient drôles, fous, libres.

Ils sont toujours là-haut.

Et moi mais qu'est-ce qui m'a pris ?

J'ai envie de m'enfuir. Je suis partie trop loin.

Oh Dieu bénisse ce peuple d'hommes qui a érigé des murs entre mon univers et celui-ci, des paravents bien hauts bien beaux et ça n'existe plus, la peine le poids la souffrance de l'homme et de la bête les jours d'angoisse l'herbe qui s'assèche, le trop de pluie le pas assez les jours à regarder le ciel à plonger dans la bouse à courir après l'herbe, les jours où il faut arracher le veau à sa mère.

Je veux rentrer. Je veux aller à l'opéra, et en tenue de gala même, et porter des chaussures qui n'ont rien à voir avec la forme d'un pied, je veux me faire faire les ongles, m'épiler quasi entièrement, m'arracher toute animalité, et partir en week-end à Saint-Tropez. En trikini. Si, j'en ai envie. C'est idiot, mais être au restaurant – ici, il n'y en a pas, tout le monde mange chez les uns, les autres, on n'a plus de clés non plus on ne sort plus sa carte bleue, une fois par mois à la rigueur, pour faire les courses, et rien qu'hier j'ai pris mon petit vélo rouillé, je suis entrée dans l'épicerie du village d'à côté pour prendre les journaux et j'ai failli repartir sans payer tant ça semblait logique, tant tout le monde a l'air copain... d'ailleurs je suis repartie sans payer. Le type m'a fait crédit. Oh payer, ouvrir un menu et être surprise, prendre une sole, un cheese naan, des sashimis de faux saumon, rêvasser l'après-midi s'en foutre de tout, dire « ah tu as vu ? oh là là, ça va mal on dirait », et s'en foutre, et rallumer la télé pour rire avec des stars qu'on ne connaît pas, croiser des inconnus, dont Pierre ne me racontera ni l'arbre généalogique ni la vie. Non je ne veux plus connaître le nom du premier pékin qui passe, ce que faisait son grand-père et comment il allait l'année dernière et dans quelle embrouille il s'est fourré à dix-huit ans dont tout le village se souvient encore. Je veux : ne plus rien savoir.

Je me traîne, j'essuie les bouses avec des pieds de plomb, les griffes pèsent une tonne, deux vaches se donnent des coups de cornes et Pierre doit user de toute la force de ses bras pour les séparer, il crie, s'énerve, ça ne va pas.

Le voici qui me donne des ordres. Il faut porter du vieux foin dans le fumier, balayer.

Je me disais avant ooooh ce sera bucolique ! On dirait qu'on vivrait dans Giono. Avec des plaines magnétiques des blés comme des étoiles des volées d'étourneaux. Non. La nature se referme. C'est trop dur, la terre. Trop rude. Hermétique. Comment ne pas fuir cette vie-là ? J'ai envie d'être à l'abri. Il y a trop de souffrance de ce côté, ça me rappelle mes reportages auprès des enfants battus des infirmières dans les maisons de retraite. On arrive sur les lieux, on sait que ce sera atroce, on ouvre une minuscule fenêtre sur les gisants les muets les malades tous ceux qui sont cloués quelque part, comme les vaches les veaux les cochons, sur un lit ou près d'une auge à tenter de manger de déféquer en paix de sentir un tout petit peu d'amour de vivre encore un peu. Mais avant, j'écrivais ces articles j'aidais vaguement, comme je pouvais et je repartais au bout d'une semaine. Triste mais loin. Cette fois c'est différent, cette fois j'ai peur : je sens que ça va me rester. Je n'ai pas envie de m'enfuir. C'est comme si je tombais amoureuse du mauvais gars, il faudrait prendre mes jambes à mon cou, tant que ça me rebute autant que ça me plaît, dire non merci non c'est moi qui te rappelle. Mais je sens que j'ai envie de vivre cette histoire.

Pierre traîne des pieds, soulève son béret pour se gratter la tête, rumine. Me retire mon balai : « Mais c'est pas comme ça qu'on fait, allez, laisse-moi faire ! » Puis, sans se retourner, quitte l'étable en me lançant :

— Tu t'occupes du lait ce soir, moi j'ai chorale.

Je me traîne dans la laiterie, change les filtres, lance le système de nettoyage avec une pompe à vide, j'ouvre la grosse boule de métal qui referme la traite du soir, fais couler un peu de liquide blanc et chaud dans un bidon pour la voisine. Je vois le lait. Pour la première fois, le lait, comme celui qu'on met en bouteille, sauf qu'il est chaud, sauf qu'il sort tout juste des grands animaux roux qui se reposent à côté. J'en fais couler un peu sur ma main sale. C'est doux, chaud, pur. Ça vous nourrirait des royaumes.

On dirait la source du monde.

Ça devient comme un tour de magie, la vie.

Non, je ne veux pas partir.

Sur le chemin du retour, je regarde mon portable. Il a appelé ! Quatre fois ! Je souris, lance mon répondeur, un léger mal de ventre, un léger bond du cœur.

J'écoute. Et suis triste. Il est dans une de ces villas de verre, moderne et vide et blanche, un creux, à Ibiza. Il m'envoie des photos d'eau turquoise, de soirées pétaradantes. Est-ce que ça lui plaît vraiment ? Est-ce que ça peut marcher notre histoire ? Je suis là, dans ma combinaison verte, et lui, en maillot de bain.

Mon luxe à moi : le premier jour, la terre avait déposé devant ma porte trois nuages épais, trois couches de brume blanche posées sur la vallée, entre les montagnes. Le deuxième jour, le ciel s'était couvert de rose.

Mon luxe à moi n'est plus à moi. Ça ne m'appartient pas, Gribouille dont la tête m'apparaît cachée dans un bosquet, comme le lion dans un tableau du Douanier

Rousseau, une branche de lilas, trois papillons. J'ai les mêmes joies que mon chat : observer les hirondelles, les gros escargots dans l'herbe grasse, un hérisson dans un buisson.

Tout ce qu'il me reste à faire : en prendre soin, les passer à d'autres.

Il me manque. Sa voix dans mon oreille me donne des sourires.

Mais comment lui raconter ce que je fais ici ?

Demain c'est lundi. Mes camarades préparent ce soir la « conférence de rédaction », se demandent quels sujets aborder, pourquoi, comment, aider les autres ou au moins parler d'eux, décortiquer leurs soucis – c'est drôle comme on veut toujours disséquer pour saisir, couper en tranches, l'univers à plat sous la lampe – et moi je me suis mis la tête à l'envers, tout en bas dans le cul des vaches.

Il me semble qu'avant je gambadais en touriste sur cette planète. Oh dis donc c'est drôlement joli ! Je me promenais. Je ne savais pas. Comment est fait le beurre ? Comment pousse une carotte ? Qu'est-ce qu'il y a sous la montagne ? Que fait-on de notre terre et des bêtes qui y broutent ? Ça ne m'importait pas. C'était donné, comme l'électricité, l'eau, l'air. Tiens, une pomme. T'en veux ? Le décor se casse la figure. Le monde est nu et je suis là comme une cruche : Ah bon la Terre est ronde ? Elle n'est pas infinie ? On pourrait manquer ? Ah bon ?

Un œil neuf a poussé au sommet de mon crâne. J'ai une autre tête. Tout m'étonne et même moi je me surprends, l'animal que je suis, les odeurs qu'il respire, les kilomètres qu'il dévale. Je m'émerveille et peu m'importe d'avoir l'air d'un lapin de trois semaines, l'émerveillement, me semble-t-il, est le meilleur chemin pour découvrir la vie. J'ai les chevilles en miettes mais les yeux éblouis, je respire du grandiose. La splendeur des montagnes m'écrase, me pétrit, m'éreinte, mais c'est comme faire l'amour. Un effarement. Un brasier de baisers. Ici je renais.

Parce qu'ici je m'épuise, je me donne et plus je me donne et plus je me déploie. C'est vrai, n'est-ce pas ? Si l'on vous parachute en haut d'une montagne, c'est beau. « C'est trop super ! » dirait-on, et on légenderait la photo de quinze émoticônes avec des cœurs et – pourquoi ? – des danseuses de flamenco. Mais grimper à pied le cœur battant la nuque en feu, éprouver la pente dans ses muscles, les cailloux les creux, avoir froid de la rosée qui vous trempe les mollets, avoir mesuré de ses cuisses douloureuses la courbe d'une colline, sculpté dans sa chair un pan de montagne. Comme avoir guetté la main qui s'approche, le souffle contre le vôtre, la masse de l'homme qui hésite et finalement vous serre contre lui, frémir longtemps de ce baiser qui s'imprime dans notre mémoire, dans tout notre être suspendu, alors. Alors on se sent haut et fort et éternel même, on s'est donné et tout nous est rendu. Au centuple et c'est peu dire.

Tandis que le soleil rosit, sur ma terrasse de bois, j'essaie d'apprendre mes cours. Une dizaine d'examens m'attendent, je ne sais pas comment je vais réussir, les cours, les stages, les articles à écrire, je vais essayer, c'est tout. Ici, l'angoisse me quitte, l'ambition aussi. C'est disparu. Ce n'est ni de la lassitude ni une sérénité soudaine, c'est : prendre place autrement. Savoir attendre. Vouloir que chaque pas se pose, que les heures soient épaisses, les actes lourds.

Le linge rêvasse sur un fil à mes côtés. Je me surprends à emprunter cette pause paysanne : assise, les coudes sur les genoux, courbée sur mes mains jointes.

C'est l'heure où les hirondelles s'amusent, rasent la pelouse, se poursuivent comme des petits chiots fous, toutes à leurs jeux et, parfois, fondent sur l'abreuvoir, l'effleurent pour s'y désaltérer pfftt, entre deux courses rieuses, ne reste de leur passage qu'un trait dans l'eau qui disparaît.

J'ai perdu la notion du temps, ici. De mon temps d'avant, celui qui se compte en heures, en minutes, en chiffres, ces jours-là. Ce temps-là je l'ai perdu.

Ici le jour n'est plus cette espèce d'écume comptable, ici le jour vous tient.

Il est long. Plein. Énorme comme les tas de foin que Pierre emporte sur son dos, plein comme la montagne, comme mon corps aussi s'étoffe.

C'est lourd d'existence accomplie, de sensation de vivre. Il vous tisse avec lui dans sa course, on sort avec le soleil, on rentre avec le froid quand le soir s'avance, quand la fatigue tombe sur vos épaules au moment où les fleurs referment leurs pétales. C'est une journée sans fin, éternelle comme des vagues, une étrangeté qui ne vous appartient pas. Ici le jour étreint.

Je ne sais comment je vais partir, ni comment je vais rester.

Je me sens pétrie comme un pain. Transformée.

Je mens : bien sûr ma vie me manque, un bain chaud, un croissant, un talon affolant mais le luxe de la vérité, du soin, de l'animal, de la vraie vie. Je ne sais comment je vais faire mais je ne peux vivre sans cela.

J'ai hâte d'être de retour pour savoir ce qui s'est passé dans ma tête.

Il est l'heure de dîner.

Je remonte la rue en pente qui longe le chalet, grimpe d'autres marches pour rejoindre Katel à l'étage.

En passant je croise un voisin avec un début de banc sous le bras : dans ce village chacun marche avec quelque chose à la main, un instrument, un morceau de bois, un panier, un paquet de graines pour un ami. Tout le monde est tendu de muscles, vêtu en montagnard, en Frison-Roche, porte du linge qui a pris l'eau de pluie, l'orage, le soleil, a tremblé sur un fil et les habille de grand air.

J'entre : Katel m'accueille de son grand sourire enfantin, un sourire que j'ai aimé dès le premier jour, en classe préparatoire, les airs sérieux des autres et elle qui rougissait, se recroquevillait derrière ses bras trop maigres, son regard de lutin. Trop originale. Trop grande. Trop lumineuse. Elle a fait des crêpes. À chacun d'y ajouter ce qu'il veut, il y a du monde dans son grand salon tapissé de livres : un vieil ami anglais, fan d'escalade, est de passage, il a tenu à nous jouer des airs de jazz à la clarinette – les enfants courent autour du baby-foot, rient haut, se lancent dans des courses folles autour de la maison.

Claude s'approche, plante ses yeux clairs dans les miens, me lance :

— Et alors, toi, après tu repars à Paris ?

— Oui, j'ai mon travail là-bas.

— Mais qu'est-ce que tu es venue faire ici ? T'es venue voir ? C'est tout ? C'est dommage, c'est beau ici quand l'hiver arrive, et puis on travaille moins.

— Je reviendrai.

Il me regarde encore. Il continue. Comme en se parlant à lui-même :

— Alors les corbeaux ne volent plus à l'envers…

J'avale ma bouchée de crêpe au fromage, me tourne vers lui :

— Je n'ai pas compris, Claude.

— Tu ne connais pas la chanson de Richard Gotainer ? *Par ici la terre est très dure, disait l'Arthur, même les corbeaux volent à l'envers, pour ne point voir la misère…* Alors toi ? Toi ça se voit que tu gagnes plus que le SMIC… Tu viens de Paris… Mais tu ne veux plus voler à l'envers ?

Je reste muette.

Je les regarde.

Elsa joue avec les enfants. Elle a été accueillie toute petite par le frère de Pierre. Elle a pu rester dans cette famille malgré les administrations diverses et variées. « Les autres, ils changent de famille tous les trois ans ! J'ai eu de la chance. » Elle veut être infirmière, surtout pour aider les personnes âgées, en maison de retraite.

Katel a voulu passer l'ENA pour changer les choses de l'intérieur. Mais nombre de professeurs de la fameuse école, censés venir à Grenoble pour préparer les élèves aux concours, ne se sont pas déplacés. Trop loin pour eux.

Pierre lit tout, tout le temps, dès qu'il le peut. Il regarde *La Grande Librairie* chaque semaine et court à la médiathèque. Une table est consacrée à leurs lectures à venir. Enfant, il a failli perdre la vue « parce que ce que je voyais commençait à devenir trop laid ». Il s'est fait opérer, il se bat, ça va mieux. Il est membre de la Confédération paysanne, il essaie de convaincre, s'emporte, parle du Burkina Faso, du Salvador, du Sri Lanka qui ont chassé Monsanto de leurs terres. Il voudrait qu'on fasse de même, voire qu'on renverse le gouvernement qu'on s'occupe enfin de notre planète, qu'on ouvre les yeux. Mais il doit aussi penser aux bêtes. C'est beaucoup. Je le regarde comme s'il tenait une pyramide à bout de bras, qu'il appelait d'en dessous : « Eh oh on n'en peut plus ici tout s'écroule… » Mais qui l'entend ?

Son petit frère Laurent est trisomique. Je partage mon appartement au rez-de-chaussée du chalet avec lui. J'avais peur qu'il laisse s'échapper mon chat, mais non, il passe des heures à écouter de la musique indienne en me dessinant des damiers, tous identiques, que je collectionne dans ma chambre.

Dehors sur le balcon, alors que des coulées de brume descendent lentement depuis les sommets des collines, s'arrêtent à peine au-dessus des toits, je retrouve Marion. Elle est bergère. Les chèvres, dit-elle, « sont hyper cyclothymiques, on dirait des ados » ! Elle est belle, brune, ronde aux yeux bleus ardents. Elle était pharmacienne à Toulouse. Elle est revenue, l'odeur des chèvres lui manquait. C'est le nez qui nous tient. L'air que l'on respire. Ici on respire bien.

Mélanie, elle, est une cousine de Pierre. Elle l'a rejoint à la ferme il y a dix ans. Elle ne prend quasi jamais de vacances. Elle me dit qu'elle aimerait, elle aussi, avoir un peu « de cette société de loisirs dont tout le monde parle ». Elle est jeune, le regard violet dans un visage émouvant mais, me dit-elle, c'est difficile de trouver quelqu'un ici, quelqu'un qui comprenne qu'on se démène pour peu de sous, qu'on travaille autant, qu'on aime à ce point les vaches, la liberté des alpages. Certains matins de traite, à cinq heures, elle doit laisser sa fille de cinq ans finir sa nuit toute seule, et se dépêche pour être de retour avant sept heures, lui faire son petit-déjeuner l'emmener à l'école.

Tous ensemble, chaque année, ils se choisissent une vache du troupeau, à quatre familles, pour la manger. « Mais pas Urbaine, non Urbaine jamais, on ne la mangera pas ! »

Sur le pas de leur chalet d'alpage, ils ont gravé dans la pierre leur nom de famille. Des gens qui savent que l'homme a une empreinte, modeste, mais là, qui croient en la force de leurs doigts.

Mais rien qu'en cela.

Ils savent les subventions les traités les réglementations les mensonges et les vérités. Ils baignent dans un monde d'une violence que je ne soupçonnais pas. Mais ils sont là, debout, avec leurs rêves vivants.

Patrick, le voisin, a la passion des calèches et des Audi Quattro.

Daniel, sec comme une brindille, possède la moitié de la vallée. À soixante ans c'est un célibataire convoité. Mais il ne le sait pas. Il rougit en ouvrant la bouche. Il vit seul avec son chien.

J'aime Hercule, le chien de Mélanie, qui parcourt des kilomètres avec son copain Hitch, le chien de Claude, ils s'enfuient tous les deux, traversent des forêts, dévalent des montagnes pour être certains d'être là, au petit jour, à leur poste devant l'étable.

La voisine de Katel et Pierre vient de Belgique, elle est à la retraite, elle aime le paysage d'ici, elle a créé une association pour les orphelins dont les pères sont morts à la montagne, elle vend pour deux euros des boîtes avec des petits cailloux très beaux qu'elle va chercher dans la rivière.

— Demain il fera un temps gras, dit-elle, gris et chaud, propice à la terre. Il faudra planter.

Une autre vieille voisine tient à me donner sa recette pour préparer les escargots. C'est atroce ce qui leur arrive, les pauvres, une vraie torture, j'écoute en frémissant, passe de l'autre côté de la maison, là où la plaine immense est couchée dans le noir.

Mon père souhaitait être enterré sur un haut plateau auvergnat parmi des herbes folles, dans un cimetière abandonné. Nous ne l'avons pas écouté, on le voulait plus près mais j'aimerais voir à quoi ça ressemble, ce champ dont il rêvait.

Mes ancêtres basques possédaient m'a-t-on dit une cidrerie. Des terres argentines. De l'autre côté ils venaient d'Auvergne, ils étaient instituteurs, maires, ils travaillaient à la chambre de commerce. Mais plus haut, il y a dû y avoir des paysans, dans mes arbres généalogiques, ça doit bien me venir de quelque part. De milliers de millénaires.

Katel me rejoint sur le balcon, sourit dans le silence :

— C'est beau, n'est-ce pas ? chuchote-t-elle.

— Oui, c'est beau.

— Tu sais, je réfléchis beaucoup à ton histoire, au pourquoi tu prends un autre chemin. Je crois que dans la vie il faut savoir accueillir des périodes nouvelles, se renouveler pour ne pas mourir, pour ne pas se figer. Et ici, devant un paysage aussi beau, aussi fort, ça ne peut que t'exploser au visage, comme une évidence.

— Oui, oui c'est exactement ça.

— Parce que quand on est dans la nature, c'est une émotion, plus qu'une connaissance, ça vous rentre par tous les pores, tout le corps n'est qu'un sens qui saisit cela, tu ne crois pas ? On comprend sans mots qu'il faut mourir et renaître.

Puis, sa voix s'envole, ajoute : « Tu connais cette phrase, de saint Jean de la Croix ? "Pour aller là où l'on ne sait pas, il faut passer par là où l'on ne sait pas". »

La ville

Et soudain, on n'est plus chez soi dans sa vie.

De retour à Paris, j'ouvre la porte de mon appartement, ma valise à la main, le teint brouillard les cheveux à autre chose, le soleil a jailli des fenêtres : les murs étincellent, des rectangles de lumière illuminent le parquet, tout est d'or.

Je fais un pas : j'entre dans un souvenir.

Devant le canapé, la bergère, mon secrétaire, j'ai sur les lèvres un sourire lointain. J'ai dans les yeux, l'étonnement attendri que l'on porte aux décors que l'on quitte : ah ? il y avait cela chez moi ? C'était donc ça, mon appartement, pendant ces années ? C'est familier, doux, chaud. Le chocolat qui m'attendait sur la table de la salle à manger, petite. Mais ça n'existe plus, ça n'est, d'un coup, plus mien.

Gribouille enfin libre après des heures d'attente, de train, de changements, saute furibond sur le plan de travail de la cuisine, le sommet du réfrigérateur, disparaît sur la mezzanine retrouver son royaume de valises et de vieux cartons.

Moi, je m'assieds. J'observe.

Je vais défaire mes sacs, lancer une machine, acheter des légumes. Me nourrir. Appeler des amis dormir regarder des séries travailler, sauter dans un taxi rejoindre mon amoureux dîner boire l'embrasser faire l'amour et rire et me gorger de caresses et dormir à nouveau jusqu'à midi si je veux je vais faire tout cela.

Mais c'est terminé.

Petit à petit je le comprends, je vais déshabiter ma vie. Là-bas dans les Alpes, j'ai changé de rêves. Ce n'est même pas un choix, pas une question de volonté, c'est une sève en moi qui grimpe alors je monte aussi.

Au musée d'Orsay il y a une statue de Rodin, *La Pensée*, ce qu'elle est triste. On y voit, d'un grand bloc de marbre blanc, brut, émerger une toute petite tête de femme aux yeux baissés. C'est cela qui m'arrive : je suis sortie de moi. Étonnée comme une enfant malade qui s'éveille un matin après une nuit de fièvre, se regarde : « Qu'est-ce qui s'est passé ? Suis mourue ? »

Mes gants de fermière, je les range dans le placard de l'entrée, pour pouvoir y plonger mon nez à chaque instant, fermer les yeux tout disparaît sinon l'odeur de cuir et de sueur, le chant du foin dans mes narines.

Je me couche sur le lit, sous mon plaid. Gribouille revient pointer son museau dans l'encadrement de la porte, hésite longtemps, tout à ses interrogations mystérieuses puis chemine en zigzag, en bizarreries qui ne sont qu'à lui, se cale sur mon ventre.

On dirait que les murs les rideaux les livres les tableaux me disent : « Ah, tu es venue dire au revoir ? » Je me demande où ils iront, après moi. Je ne le savais pas, moi, eux oui, que ce départ pour les Alpes était une répétition. Que dès mon retour, je voudrais larguer les amarres. Ça m'explose à la figure. Une explosion silencieuse, immobile.

En philosophie à la Sorbonne, tandis que des femmes dénudées de robes antiques lançaient des fleurs sur des murs bleu Méditerranée, moi, une fesse en équilibre sur un banc maigre pour prendre des notes, je retenais deux choses. La première me vient d'Aristote : c'est la différence entre être en puissance et en acte. Le grain de blé par exemple, est « en puissance » une tige de blé : s'il ne va pas au bout de lui-même, s'il ne connaît ni le soleil ni le vent ni le balancement dans la brise et le rire des coquelicots, il reste un grain qui ne s'est pas réalisé. Un truc un peu raté. Il ne remplit pas son devoir envers lui-même. Je dis devoir, comme je dirais destinée, et oui, il me semble que nous en avons une, disons deux ou trois peut-être, qu'il nous appartient de fuir ou d'embrasser plus ou moins douloureusement. La deuxième idée que j'ai retenue vient de je ne sais qui et peut-être d'un peu tout le monde, c'est la différence entre désirer et vouloir. Exemple : je veux maigrir, mais je désire du chocolat. Moi, je veux devenir ce que je dois être. Je veux être en acte ce que je crois bien, ce qu'il me semble aujourd'hui avoir toujours été en puissance. Qu'est-ce que c'est ? Un animal j'imagine, un être qui vit vraiment sur terre et en prend soin. Comment le devenir ? Je n'en ai pas la moindre idée. Mais ne suffit-il pas de suivre un chemin qui me semble juste, fût-il volutes et bizarreries comme celui de mon félin ?

Le problème, c'est : est-ce que je ne désire pas le contraire ?

Je ne veux plus du désespoir tranquille, vivre en fermant les yeux – aujourd'hui encore, les chiffres sur la fonte des glaciers antarctique laissent prévoir que des villes entières seront sous l'eau d'ici quatre-vingts ans – plus me dire : « Quand ce sera foutu je serai morte. » Je ne veux plus m'endormir dans le bain chaud de mon pauvre confort, la joie grasse de la dépense, l'angoisse brûlante de la dépense d'un argent que je n'ai même pas. M'euthanasier en technicolor.

Mais quoi alors ? Quitter mon boulot et devenir agricultrice ? Comme ça, sans rien savoir ni comprendre, avec des manuels dans une brouette, le dos cassé les mains calleuses l'œil affolé ? Non, non je ne saurais pas. Ce n'est pas moi.

Je me souviens, un automne il y a longtemps, j'étais allée m'aventurer à un stage de « permaculture ». Trois jours à Toulouse. C'est là, pour la première fois, que j'avais entendu braire un âne. J'avais demandé : « Qu'est-ce qu'on entend ? » à d'autres participants. « Bah, c'est un âne ! Tu croyais que c'était une poule ? Ah ces Parisiens ! » s'était moqué un jeune stagiaire. Ça m'était complètement égal, moi j'étais Christophe Colomb, j'abordais des rivages inconnus. Je m'étais perdue dans Blagnac, j'étais arrivée en retard et Véronique, la bien-nommée « agro-animatrice », une petite femme énergique aux cheveux bouclés, emmitouflée dans une immense écharpe bleu lavande qu'elle avait tricotée – on aurait juré qu'elle tricotait en permanence, Pénélope du douillet, du fait maison ah qu'on est bien chez vous –, Véronique avait profité de mon retard pour donner à tous une leçon : en « perma », on accueille tout le monde, ceux qui sont en retard, ceux qui sont perdus, ceux qui ont besoin d'aller faire une sieste ou de reprendre du café. C'est le principe même de la permaculture : tout le monde a son utilité, même les mauvaises herbes.

Pendant trois jours auprès d'elle j'avais eu huit ans. On méditait sous un ciel tendre, on marchait pieds nus dans l'herbe les yeux fermés – ô la drôle de sensation, la peur, la découverte de ses orteils, l'amour pour ses plantes de pied j'avais huit mois – mes nouveaux amis, un couple de retraités d'Airbus et un sculpteur qui nous regardait d'un peu loin, choisissait des mots compliqués qu'il murmurait en baissant les yeux, flottaient comme moi, béats, étonnés de découvrir les mystères d'une pelouse. Tous les quatre, une mini scie à la main, instrument dont je ne connaissais pas l'existence et dont je ne me lassais d'admirer l'ingéniosité, nous avions ensuite taillé un pommier. J'admirais l'homme qui avait inventé la mini scie. J'admirais le pommier, et un jour, cet arbre donnerait des pommes et ce serait un tout petit peu grâce à moi. Dans le jardin en contrebas, des fleurs dansaient avec des légumes, jouaient, se mélangeaient et à l'horizon dans une prairie, je m'en souviens, deux alpagas se chamaillaient. L'un se ruait sur l'autre pour le mordre et Véronique s'inquiétait : son futur bonnet et sa future écharpe qui risquaient de s'ensanglanter. Des complications simples. Non, pas simples, des complications compréhensibles, auxquelles on peut imaginer faire face.

« Prendre soin du vivant, prendre soin de l'humain, et ne prendre que ce dont on a besoin » sont, nous avait-elle enseigné, les principes de la permaculture. Devant la vingtaine « d'élèves » assis en cercle dans le vaste salon de la ferme, un genre de salle des fêtes, carrelage blanc, bois blond, Véronique nous avait montré un schéma au feutre symbolisant notre société actuelle : une pyramide, avec, en bas, les vers de terre, puis au-dessus les baleines, les poissons, puis la femme et le bœuf, et, tout en haut, l'homme. On pense en grimaçant « oui, oui c'est vrai c'est un peu ça », on voudrait se défaire de cette idée qui blesse, on baisse les yeux, on enfouit son regard dans le stylo du voisin, une chaussure, un défaut du sol. On attend une diversion. Et soudain, Véronique retourne la feuille : un autre schéma surgit devant nos yeux, le monde « en perma ». Cette fois, ce n'est plus une pyramide, c'est un cercle où nous sommes tous utiles : le ver de terre n'est-il pas le plus grand agriculteur de notre planète ? Il est à côté de la femme, entre un homme et un dauphin à trois pas d'une abeille et d'un lion… Voilà. On relève la tête, les épaules se redressent, les cœurs respirent. On dirait qu'un couvercle a été retiré au-dessus de nous. Moi je me dis : « J'ai trouvé ! » C'est ça que je veux. Tout étreindre, me sentir en communion avec mon prochain et mon prochain s'étend jusqu'aux chenilles, aux nuages, aux pucerons et aux salades, aux vaches, aux pissenlits, aux sardines. C'est ça, la nouvelle utopie, le grand soir qui me fait rêver. Oui, j'ai trouvé !

Je nous revois tous, nous sommes dix-huit, en cercle, le cœur chaud de ce rêve nouveau. « Mais comment faire pour que ce schéma s'applique dans notre société ? » avait demandé une camarade, osant, brûlante, la question que chacun redoutait de formuler en lui-même. Véronique et David, son compagnon, un grand homme osseux, chauve et taiseux, nous avaient alors raconté leur histoire :

— Je crois que nous pouvons y arriver si nous faisons chacun, individuellement ou en groupe, un pas vers cet idéal. La mer est faite de gouttes d'eau. L'exemple que vous deviendrez sera le plus fort des messages. Véronique et moi, nous habitions Saint-Mandé près de Paris, nous avions un bon travail, un grand appartement et nous étions malheureux. Un jour, j'ai reçu un ordre de trop, Véronique ressentait, elle, depuis longtemps cette impression que notre vie n'avait aucun sens et on a tout quitté. Nous étions venus ici un été quelques années avant. Alors un soir, on a éteint chacun notre ordinateur en se disant : « C'est la dernière fois que je vis une journée assis à mon bureau avant de monter dans ma voiture retrouver mon appartement et regarder la télévision. » Nous avons tout donné, tout vendu, mis le minimum d'affaires dans un sac et on s'est installés ici, d'abord dans une yourte qu'on nous a prêtée, puis dans notre propre maison construite avec nos mains, entièrement en matériaux de récupération.

— L'espèce de… la cabane là-bas ? a demandé une jeune mère au foyer.

— Oui, le chalet. Ça fait dix-huit mètres carrés ça nous convient parfaitement. On n'a pas besoin de plus.

Je regarde cette cabane de bois, charmante, un grand abri de jardin planté au beau milieu d'un champ, avec sa terrasse sous une treille de kiwitier, ses pots de géraniums… On pourrait être dans le Far West, des gens qui auraient fui la famine irlandaise, n'auraient pas eu d'autre choix et trouvé ce bonheur-là… Véronique reprend :

— Je me lave les cheveux avec mon shampooing au bicarbonate, on utilise notre engrais naturel pour faire pousser les légumes du jardin, tout est recyclé. Pas de perturbateurs endocriniens chez nous !

J'avais ouvert la bouche sans m'en rendre compte, mon dos soudain tirait, des nerfs s'étaient comme entortillés de nœuds m'empêchant de bien respirer, je me contorsionnai sur ma chaise mais rien à faire, c'était cette idée qui cognait trop fort dans mon crâne : je suis incapable de vivre comme cela.

Tout simplement. Parfaitement incapable. Ma grand-mère m'avait avoué un jour qu'elle n'aurait pas aimé vivre au temps de Jésus : « Je crois que je n'aurais pas cru en lui ! C'est ennuyeux ! » m'avait-elle confié dans un de ses sourires malicieux. Si Jésus revenait, me demandait de le suivre, je répondrais : « Oui oui, j'arrive… » et je partirais en courant me planquer. Comme si c'était possible. La planète se détraque chaque jour un peu plus et je me cache sous des piles d'habits d'objets de trucs. Je me pharaonne. Je me momifie.

Enfant, pourtant, j'avais le goût du bien. Je me rêvais Ivanhoé. Pas les princesses, le chevalier, le type avec la lance l'armure et le destrier. Dans le jardin, je sauvais le monde des méchants ; au bord de l'océan, j'étais un gentil pirate. Aucun péril n'arrêtait mon élan. Maintenant, de petits plaisirs suffisent à m'emprisonner. Que s'est-il passé ? Il faut croire qu'on se lasse de tout même de l'idée qu'on avait de soi, on s'habitue et c'est peut-être sage. Je courais après les voleurs, je renversais les tyrans, aujourd'hui j'aborde le bien et le mal au travers de soucis faciles, à coups de jugements paresseux : ce restaurant est nul, c'est joli ce que fait Stella McCartney, j'aime bien Angèle, il est con Trump, voilà. J'ai le rapport au monde d'un enfant de trois ans devant ses petits pots : c'est bon, c'est dégueulasse, c'est beau, c'est moche.

C'est nul.

Le dernier jour, avant de nous quitter Véronique nous avait invités à nous réunir en cercle, debout, pour un ultime « jeter de mots » où chacun peut exprimer ses pensées, « sans jugement », insistait-elle. J'avais dit « merci », entendu « espoir » et « un peu froid quand même »... On nous avait énoncé les accords toltèques – « ayez une parole impeccable, ne prenez rien personnellement, ne faites pas de supposition, faites de votre mieux » –, j'essayais de m'y tenir, au moins ça, nous étions pâles et calmes, recueillis comme au temple, on avait revêtu nos figures de hamish, on se sentait humbles, prêts à agir en colibri comme dit Pierre Rabhi, à participer chacun avec sa petite goutte d'eau au grand changement, à l'épopée vers mieux. Et quelqu'un a lancé « bobo », d'une voix haute où sifflait une flèche de haine, dure et pointue. Les têtes se sont relevées, l'homme qui avait parlé me visait du menton, l'œil buté : « Ce monde de surconsommation, c'est les bobos qui en profitent, ça me rend dingue ces Parisiens qui sont écolos depuis avant-hier, ces donneurs de leçons. »

Les visages s'étaient tournés vers moi. La seule qui n'était pas de Toulouse. Journaliste dans un magazine féminin. Un cliché. Un vieux petit chagrin était monté dans ma gorge – la cour de l'école et je n'ai pas d'amis –, une colère aussi, quelle bêtise quelle bêtise mon Dieu de se rejeter les uns les autres alors qu'on a tant de pain sur la planche. C'était venu d'un garçon en jogging et béret, fils de paysan du coin, fan de jeux vidéo, que j'avais vexé en éclatant d'un rire bêta quand il avait dit : « Le premier acte, c'est d'avoir des toilettes sèches. »

Voilà. Moquée de toutes parts. Le cul entre deux chaises la tête entre deux claques.

Je me mens. Je ne vais pas m'installer à Conflans-sur-truc-chose pour préparer des bocaux de haricots. Ça restera comme un tant pis, un truc à mettre au rayon « c'est dommage », avec la multitude de rêves qui ne deviendront jamais des souvenirs, avec avoir une maison de bois et de verre au bord de la mer à Big Sur, prendre le Transsibérien jusqu'à Vladivostok et vivre six mois au cœur d'une tribu primitive au bord du fleuve Amazone.

J'ouvre mon ordinateur pour regarder *Friends*. Là-bas les gens sont gentils, on a le droit de rater ses histoires d'amour sa carrière sa vie. De trébucher.

Il semblerait que ceux qui trébuchent, c'est mon club.

Non, je le referme. Pas envie de me couler dans une série comme Robinson Crusoé dans son bain de boue pour oublier, non, il est midi la journée n'est pas finie il faut se secouer. Je n'ai que quarante ans, c'est la moitié de la vie, il m'en reste, il y a de l'espoir. Il doit y avoir un moyen. Le monde est en danger je ne peux pas ne rien faire. Agir, au moins un peu. Mais comment ?

Première décision : désormais, vivre en faisant le moins de mal possible, comme je l'ai noté dans le train qui me ramenait à Paris. Je ne sais pas où est Biocoop, je file chez le Bio c'est Bon d'en face avec ma liste de légumes de saison, mes sacs en tissu et mes bocaux en verre.

C'est drôle comme souvent, c'est beau, le bon. Un sac en papier c'est plus joli qu'un sac en plastique. Un bateau à voile, plus grandiose qu'un yacht. Pourquoi ? Parce qu'il y a là comme une communion avec ce qui nous entoure ? Que c'est plus vivant un morceau d'arbre, un bout de vent ? On sent, en observant voguer un voilier, une intelligence, un savoir-faire. Un frère. La terre elle-même a l'air d'être d'accord.

Au large d'Ibiza un été j'ai croisé l'un des plus gros yachts du monde, une espèce de caravelle géante, un bateau en béton. On n'en voyait pas le pont, à quinze mètres au-dessus de nos têtes. Toutes les fenêtres étaient fermées, protégées des regards par des revêtements opaques. Le milliardaire russe qui s'y faisait rosir naviguait sans sentir sur ses joues ni les embruns ni le vent. Il voyageait sans horizon.

J'entre dans le magasin avec du vague à l'âme, à cause des klaxons parce que le ciel gris les trottoirs noirs le vent mou. Devant le cageot d'avocats je me sens triste : ces avocats ont beau être bio, ils viennent du Sénégal, trop d'avions de cargos de pollution, je n'en prendrai pas, alors que j'adore ça, moi, les avocats. C'est donc si difficile, de vivre ? Arghhhh, je m'éloigne, m'apaise auprès des clémentines.

Ô le tout petit combat.

Qu'importe. Tous les débuts ont l'air de rien.

J'achète de nouvelles graines, par curiosité. Je me promets de les manger. Quoique. Non, ce n'est pas sûr, alors je laisse. Désormais pour chacun de mes actes je me demanderai : Est-ce un acte vraiment bon ? Utile à long terme, sur plusieurs générations ? Je ressors avec un tote bag vide, ridicule.

Mais fière.

N'empêche, j'ai faim. Chez le traiteur italien qui me voit passer tous les jours, pour éviter le jetable je lui demande de mettre ses pâtes dans mes bocaux, ça fait rire la serveuse et voilà, c'était rien. Il suffisait de demander.

De retour chez moi c'est idiot mais je suis bouleversée par un micro-événement : sur mon balcon, entre les lattes de bois, une des graines que j'y avais déposées pour espérer nourrir les pigeons (pas un n'est venu) et amuser mon chat a donné naissance par je ne sais quel miracle à une petite plante. Elle se tient droite, haute, verte, forte.

De la regarder je revis. Voilà : je veux être ça. Quelque chose qui pousse malgré tout. Qui met du vert au milieu du béton.

Je me souviens d'un vers de T. S. Eliot : « *Do I dare, do I dare, disturb the universe ?* », eh bien d'habitude non, pas trop, je ne voulais pas mais maintenant oui, oui je veux bien déranger l'univers si c'est à la façon de ce brin d'herbe. Mettre du vert dans le gris. Ouvrir les villes. Nous rendre à l'univers.

Mais comment ?

J'ai besoin de faire quelque chose. Pas juste de ne rien dépenser, ne pas salir, pas bousculer, d'agir en convexe. Rejoindre une association, militer ? Il paraît qu'un quart des Français font du bénévolat, pas moi. Égoïste. Quoique : j'ai choisi un métier dévoué aux autres. Je me plonge dans les journaux, cherche des idées d'articles, ça, je peux faire. Je fouille je trouve, j'envoie un mail à la rédaction. J'attends.

Non décidément ça ne me suffit plus. Je sais que des gens vont les lire, ces articles, se dire : « Oh là là ça va mal dis donc, 70 % des oiseaux marins ont disparu depuis 1950 ! Ah bon ? Mais oui, c'est écrit, là, il paraît que c'est à cause de la surpêche ! 90 % des stocks de poissons sont surexploités ! Chaque année on en pêche moins tellement il n'y en a plus… Ahhh… Ben oui, ils n'ont plus rien à manger les pauvres oiseaux ! Non mais c'est dingue ! » Et puis c'est tout. Dis chéri tu files à Intermarché ça m'a donné envie de manger du poisson. Moi avant. Moi comme tout le monde qui me disait que quelqu'un d'autre allait s'en occuper, un genre de mère Teresa, d'Elon Musk ou d'ONU, papa et maman.

Je sais bien qu'il y a des journalistes plus courageux que moi plus sérieux, des vrais, j'en ai dans ma rédaction, qui vont enquêter, révéler, ouvrir les consciences, à grands coups de scandales ils vont changer les choses mais moi je ne peux plus. J'étouffe.

J'avale mes pâtes avec l'envie de vomir. La montagne me manque les vaches me manquent l'air frais me manque le vent me manque le ciel, le ciel immense et marcher, marcher dans un chemin pentu, courbe, avec des cailloux, me manque, l'herbe humide de rosée qui mouille mes jambes me manque, m'étonner, m'émerveiller me manque.

Prendre soin du vivant.

Allons, ça va passer.

J'écoute les messages sur mon téléphone. Des comment ça va ma chérie ? Coucou c'est moi alors mon petit poulet ? Rappelle-moi ma louloute ! Des voix comme des bisous, des bras contre moi et lui, lui surtout que j'attends, j'approche bien mon oreille je me colle à sa voix chaude il dit : « J'ai tellement hâte, à ce soir ! » Oh moi aussi, moi aussi je voudrais déjà me serrer contre lui.

En attendant une réponse à mon mail, pour faire un truc j'allume un feu dans la cheminée. Je prends un livre au hasard, *La Vie au Moyen Âge*, de Robert Mandrou. À l'époque, comme il n'y avait pas de montre, c'était l'église du village qui sonnait les heures : elle marchait au soleil, on se basait sur midi et toutes les autres heures, on les calait à la louche, entre l'aube et la fin du jour. Du coup, les matins d'hiver, les minutes duraient parfois trente secondes, et celles des nuits cent vingt : pile comme j'en ai envie. On a dû se tromper quelque part. Sur la route de l'abondance. Tous en salle des machines, à se crever la cervelle. Sans regarder au-dehors, sinon ce dehors bizarre des écrans téléphoniques. Si elle avait survécu aux maladies et aux accouchements, la petite bourgeoise que j'aurais été aux siècles passés, débarrassée j'espère d'un vieillard ventripotent, serait restée chez elle le matin, aurait joué du piano, vu des amies, donné des instructions pour les courses, déjeuné à midi et après seulement elle aurait travaillé un peu à la boutique. Les horaires dans les ministères et dans le monde des affaires, j'ai regardé, vers 1800, c'était de dix heures à midi et de quatorze à dix-sept heures. J'aurais dîné à dix-sept heures, pile à l'heure du goûter.

Aujourd'hui il faut être « occupé », comme on le dit des cabinets. Le nez sur la seconde qui vient, ses œillères bien en place. Moi, je ne crois qu'aux pas de côté. Je peux passer des après-midi à lire, à voir des films, à parler, interroger, tenter de comprendre. Ça choque les gens, quand j'ose l'avouer. « Comment ? Tu restes chez toi et tu lis ? » Ça leur est scandaleux. Non pas ramper dans la tripaille des minutes pour en extirper quelques sous mais laisser filer les heures et s'offrir aux surprises. Il faut pour cela être un peu fou peut-être. Savoir se perdre. Courir en vagabond après les papillons.

Mon feu prend, j'entends craquer les petites brindilles et les bûches rassemblées en tipi…

Pas de réponse à mon mail. Mes chefs doivent être en réu… Je regarde mon chat. Lui qui ne sait pas que j'ai déjà peur en septembre des nuits trop chaudes de juillet. Lui qui semble ignorer demain, et même, peut-être, qu'un jour il mourra. Ou il fait bien semblant. Ou alors il s'en fiche ? Il n'a pas l'air de vouloir « achever » grand-chose, lui, et je ne dis pas que je voudrais vivre ainsi, mais ce serait plus simple de ne pas s'ausculter se juger en permanence.

Sortir du baromètre. Trouver l'ordonnance.

Je m'ébroue, me lève, m'assieds au piano. Je retrouve mes mains. Mes mains perdues. Mes doigts. Mes doigts qui ont caressé les plaines les croupes des vaches fait des nœuds mes doigts sont heureux à nouveau. Je fais des fautes, c'est presque joli, je rallonge les mesures, hésite sur une note, crée ma propre mélodie, avec ces erreurs qui sont miennes. Pourquoi me suis-je si peu donné cette joie récemment ? Un peu de Chopin maintenant, une valse, je chantonne pour me guider, trop de dièses mais j'essaie, j'essaie, je reprends, oui, j'ai dépassé cette note trop haute, je la rejoue oui, c'est bien elle, soudain les quarante ans qu'il me reste j'espère à vivre m'apparaissent comme une plaine immense : encore tout ça ? Combien d'heures au piano ? Bon sang mais j'ai le monde encore !

Je ne peux pas abandonner, je ne peux pas me dire : « Après moi le déluge, hop ! génération suivante ! »

J'appelle ma petite sœur. Elle habite Stockholm et vit en « *zero waste* », sermonne tous les restaurants qui osent encore proposer une paille à sa fille de quatre ans, petite fée qui suit son sillage. « Je te rejoins ! C'est décidé, je veux vivre comme toi ! » La joie dans sa voix : « C'est vrai ? Toi aussi ? » Elle m'apprend que ma grande sœur a fait le même chemin, nous nous appelons chaque jour et je ne le savais pas !, qu'elle remplit vaillamment chaque semaine sa bouteille de shampooing, son pot de café, dans un magasin en vrac à l'autre bout de la ville. Béatrice me dicte une liste de choses à faire :

— D'abord, dire non ! Aux dépliants aux échantillons, quels qu'ils soient, de parfum, de crèmes… Ce qui implique de savoir ce dont on a vraiment besoin et donc la deuxième chose capitale à faire : trier ses affaires. Ensuite, au lieu d'utiliser Google, prendre d'autres sites de recherche, écolos, comme Ecosia, pas aussi bien fait, mais au moins, pendant les trois minutes que prend la recherche, on a la fierté d'avoir planté deux trois arbres. En plus, ils ne stockent pas nos données avec des ventilateurs géants dans quelque hangar de San Francisco. Regarde aussi la liste qu'a faite Greenpeace des produits qui contiennent des OGM, il y en a même dans ton chocolat préféré je suis désolée… Après, tu peux faire ton propre dentifrice et ton propre savon avec du bicarbonate de soude, et utiliser un shampooing solide, c'est moins lourd, moins volumineux, donc ça diminue la charge due au transport, et il contient moins de perturbateurs endocriniens, consomme moins d'eau lors de sa fabrication. Je note en repensant à Brigitte Gothière, la géniale fondatrice de L214, qui, lorsque je l'avais interviewée m'avait dit, alors que j'avouais manger de la viande presque tous les jours à l'époque : « On peut résister, petit à petit, à ce système qui nous pousse à être cruels : essayez de retirer un jour, juste un, puis vous verrez si vous pouvez passer à deux. Mais au moins pendant un jour, vous n'aurez pas participé au carnage. » Je m'étais dit : un pas après l'autre, et j'ai réussi.

Mes sœurs m'indiquent un nombre phénoménal de sites à consulter. Me voici qui vadrouille sur Internet à la rencontre d'individus que j'admirais sans oser les approcher – trop peur de me sentir nulle, zéro de conduite. On dirait qu'on a allumé les lumières, je m'éclaire de joie : nous sommes des milliers des millions une légion de pékins sincères, ouverts comme des grand-voiles. Un Américain de je ne sais quel État a quitté la ville pour créer une ferme bio, tout seul en partant de rien, je regarde ses conférences. D'incroyables Français, Roland Feuillas et Nicolas Supiot, refont du pain avec de vieilles graines, je m'inscris à un stage, enfin pétrir du pain, je continue. Il y a un Danois qui, avec un petit kayak qu'il loue en échange de la promesse de ramasser des détritus, a tiré des tonnes de plastique hors de la mer. La voisine d'un de mes cousins vient d'inventer un film plastique en bambou. On dirait que tout le monde s'y est mis ! Mais où étais-je ? Je vole.

Je me désabonne de newsletters absurdes. Vingt mails par jour, je l'apprends en consultant enfin le livre *Notre empreinte cachée*, de Babette Porcelijn c'est, par an, l'équivalent de 1 000 kilomètres en voiture. Je n'avais jamais osé l'ouvrir, ce livre, trop peur. Je pénètre l'envers du décor : une tasse de café... c'est 132 litres d'eau ! Parce qu'il faut tout ça pour le fabriquer, l'acheminer. Un œuf, c'est 160 litres ! 40 grammes de chocolat, c'est 850 litres ? Et je m'embête pour mon bain chaud ? En moyenne, chaque Européen consommerait 4 900 litres d'eau par jour, dissimulés dans la fabrication des produits industriels. C'est presque trois litres par minute ! J'apprends que pour les 590 kg de déchets par an que contient ma poubelle, dix fois plus ont été produits lors des transports, de la fabrication... 50 tonnes par an rien que pour moi. J'en ai le vertige, la nausée, au sommet de ma Tour de Babel de sacs plastique, croûtes de fromage, morceaux de ferraille, vieilles toilettes, t-shirts imbéciles...

Je veux désencombrer ma vie. Vite, j'appelle une amie, un de ces personnages comme je n'en ai rencontré qu'au journal (on trouve là-bas des êtres échappés d'autres temps, des filles des années soixante, les yeux clairs, le verbe haut, les seins effrontés et Lacan sur les lèvres, un paquet de livres à la main et des interrogations qui vous ravivent, des gens du XVIIIe siècle, aussi, ornés de mots d'esprit comme on le serait de rubans, et puis, ces duchesses de la mode, aux épaules maigres, avec cette inquiétude des femmes trop belles que les autres soupçonnent, sous leur carapace noire, toujours en funérailles parmi les autres, et ce grand rire d'adolescente quand elles se libèrent enfin, ce grand rire clair). Dis, aide-moi, il faut que je trie mes vêtements !

— Je ne peux pas là je file en réunion mais mets-moi tout par terre, par catégorie, envoie-moi des photos je te dis vite !

— Merciiiii !

Je jette mon placard à terre, lui envoie les images. Elle me bombarde de textos :

— Mais t'es folle ? C'est pas du tout pour toi tout ça, qu'est-ce qui t'a pris ? Et tous ces pulls informes, j'ai pas rêvé ? C'est pour quoi ?

— Pour rester au chaud chez moi…

— Combien de pulls pour rester chez toi au chaud… ?

— Vingt-deux…

— T'es malade ! C'est n'importe quoi tu dépenses trop ! Je t'ordonne d'en jeter la moitié. J'attends la photo !

Je trie je donne je jette. Une demi-heure plus tard, en FaceTime, seuls quelques basiques et deux ou trois folies douces ont échappé au jugement de mon amie – « Mais qu'est-ce qui t'a pris ? Il faut se connaître quand même ! Il suffit de bien moins pour avoir un bon look ! Bien moins ! » répète-t-elle. Comme pour tout, ceux qui savent savent qu'il suffit de peu. Dans un article du *ELLE*, daté de 1949, Hubert de Givenchy avait prodigué ses conseils pour bien se vêtir. Repris par mon amie Sylvia, l'article s'intitulait : « L'élégance n'est ni une question d'argent ni une question d'âge : c'est une question de choix et le goût s'apprend. » Il assure que pour une femme « trois tenues suffisent, si elles sont bien coupées pas trop serrées. » On y ajoute une parure en grosses boules de fantaisie « qui fait tout à fait jeune » et le tour est joué. J'en suis presque là. En une heure mon placard est à moitié vide. Huit sacs remplis d'habits à donner jonchent ma moquette. Je regarde ces vêtements et je sais qu'aucun d'eux ne me manquera. Si je ferme les yeux : de quels habits est-ce que je me souviens ? De quels objets ?

Enfin je respire. Je vois mieux.

J'ai envie d'aller plus loin !

Sur le site des L214, on me propose d'écrire à Cyril Lignac pour qu'il arrête d'utiliser des œufs de poules élevées en cage. Je l'ai interviewé déjà, il n'était pas trop content de l'article. Je copie le message de l'association de défense animale, ouvre la page Facebook du cuisinier, et je n'ose pas… Je n'ose pas parce que j'ai peur qu'il me reconnaisse, qu'on me trouve lourde, idiote, débile, d'oser penser à la souffrance des poules. Mais quand les L214 me demandent si j'ai bien envoyé le mail je réponds « oui », parce que je serais minable de ne pas le faire. J'ai tellement honte quand ils répondent « merci ».

Non, non, je dois me reprendre. « À qui donnez-vous votre argent ? » est une question qui revient tout le temps, sur les sites, dans les livres, de mes nouveaux amis. « Le vrai pouvoir aujourd'hui, c'est le pouvoir d'achat ! » Bon. Je signe une pétition pour changer la loi sur les semences anciennes. 97 % des fruits et légumes seraient interdits à la vente au profit de graines issues du catalogue européen officiel des espèces et variétés, des graines brevetées par Bayer Monsanto et autres Dupont, des graines identiques les unes aux autres comme des agrafeuses en plastique, pas des êtres vivants, des choses stables, enduites de fongicides avant même d'entrer dans le sol, traitées six fois par an, stériles pour qu'on ait besoin d'en racheter chaque année. Et si fragiles, en réalité, qu'on voit parfois des tiges de blé s'écrouler brusquement sur le sol, épuisées. Malades.

Pour plaire aux consommateurs avides de bio, Carrefour a repris le combat d'un réseau paysan et de l'association Kokopelli et a tenté de faire changer cette réglementation pour qu'enfin toutes ces graines soient libres d'accès. Mais soixante sénateurs et le Conseil constitutionnel – comment est-ce possible d'être si cruellement couillon ? – viennent de refuser. Ils se sont aussi opposés à un étiquetage précis des pots de miel, pour que nous sachions si le miel que nous avalons est bien produit par des abeilles – beaucoup viennent de Chine, où dit-on il n'y a pourtant pratiquement plus de ruches… –, et à l'instauration de cours obligatoires de préservation du sol dans les écoles d'agriculture.

Je signe toutes les pétitions possibles, j'écris, même, à mon député. Claire Nouvian m'a dit que c'était comme ça, tout simplement en se plaignant, que ça commence, le changement.

De page en page, je lis aussi : « Vous vous croyez individualistes, indépendants, vous êtes plus dépendants des autres que jamais dans l'histoire ! Reprenez le contrôle de votre subsistance ! » 70 % des décès au sein de l'Union européenne seraient causés par des maladies liées à l'alimentation. Un tiers des enfants de six à neuf ans y sont en surpoids. La part de l'agriculture européenne dans le monde chute, certains disent même que nous serons bientôt dépendants, et qu'en cas de sécheresse, si chacun garde son blé pour soi…

Sur mon balcon, six petites salades ont résisté à mon absence. Je les observe, mon infime trésor, des feuilles serrées les unes contre les autres. Il y a des drôles de taches blanches dessus mais enfin, ça ressemble à de la salade. Je m'empare d'une feuille – suis émue, je remercie la plante, le ciel, le soleil, l'univers, prie aussi pour ne pas attraper une indigestion, un champignon dangereux, allez je me lance – je la passe sous l'eau, la mets dans ma bouche… ça croque, ça a goût de salade… pas si bon mais pas si mauvais. Il a suffi de trois toute petites graines et je mange ce truc, ça me paraît fou. Un geste fait depuis des millénaires m'était étranger. Je me sens martienne. Je caresse les autres salades, oh je sais bien que pour mon voisin d'en face je suis niaise mais ça m'est égal.

Ô bonheur. Me voici fidèle à ma joie. Je remets du vert dans ma vie grise.

Il est seize heures : je décide d'arrêter le plastique ! Et Sushishop ? 50 % des déchets en plastique ne sont jamais recyclés – c'est comme si la moitié de ce que je jetais arrivait directement dans l'océan –, chaque seconde cent déchets plongent dans la mer, boum mais aussi dans les ruisseaux, ravagent la terre. Des objets qui me survivront, qu'on verra encore flotter cent ans après ma mort. Et après ? Après tout ira bien ? Non. Après ça fera des nanoparticules qu'on retrouvera dans les poumons et le foie d'un peu tout le monde. Alors j'achète une gourde bleue, splendide, en inox, pour ne plus utiliser de bouteilles jetables. En plus, c'est meilleur pour la santé. Ce n'est rien mais ça me rappelle *Midnight Express*, quand le prisonnier décide de ne plus marcher dans le même sens que les autres. Dans mon souvenir, c'est alors qu'il cesse d'être fou.

Je ne savais rien. Je suis journaliste, je m'intéresse à l'écocide, et je ne savais rien. Je ne voulais pas savoir. J'en rougis, j'en ai des sueurs entre les omoplates comme quand, étudiante, je remontais les couloirs d'Henri-IV vers un oral où, je le savais, j'aurais 2,5 sur 20, « et encore, je note large ! » disait le professeur. Je me souviens, je tentais de me fondre dans les murs des couloirs pour laisser passer mes camarades promis, eux, au Panthéon. Ça m'est égal je n'ai plus l'âge d'avoir honte, de faire semblant, je n'ai plus le temps, je veux savoir, je veux bien faire et tant pis si je suis ridicule. J'ai l'impression qu'une force m'anime, une tornade court dans mes veines, en moi comme un bison dans la plaine, pourquoi cette image ? Les Indiens j'imagine, vivre avec la nature, planter un légume quand j'en tire un autre hors de la terre, partager, me baigner dans une rivière et comprendre que c'est de là, c'est de là !, que ça vient, mon eau du robinet, de la neige, du sommet des montagnes. Ça m'éblouit. Je l'avais oublié. J'ai tant de nouveaux camarades, soudain, qui me parlent d'un futur possible, qui me disent : « Il n'y a jamais eu meilleure époque pour s'engager ! », qui assurent « toutes les initiatives même les plus petites sont les bienvenues ! », qui m'ont l'air d'essayer, de rater mais d'essayer encore, je me reprends à aimer les humains.

Parfois, en surf, après avoir attendu longtemps la vague on rame, on rame et enfin elle vous soulève et soudain, on est comme au-delà d'elle, porté, au-delà de l'eau, debout, dans l'air… Eh bien là c'est pareil : j'agis, je suis au-delà, j'ai dépassé l'espérance.

Toujours pas de réponse à mon mail, bon, je baisse le chauffage, si je n'ai pas un sou le mois prochain ce sera déjà ça d'économisé.

Reprendre le contrôle de sa subsistance… Je vais faire de la levure ! Et ensuite, mon propre pain ! Ma petite sœur m'a dit comment faire : il suffit de mettre des pommes bio dans de l'eau, d'attendre un peu, et ça fait des bulles… qui mélangées à de la farine bio, font de la levure ! Pas besoin d'en acheter. C'est comme si tout était là. Donné déjà. J'ai l'impression qu'on m'a raconté un mensonge en me faisant croire que seul l'homme pouvait aider l'homme. Je coupe mes pommes, les plonge dans l'eau. Je note aussi la recette pour faire un crumble avec des restes de carottes… Manger ses déchets… Il paraît que c'est bon.

Une réponse à mon mail ! Oui, d'accord pour le sujet « les sénateurs rejettent la loi sur les semences », mais en petit parce qu'on a moins de pages en ce moment. Suis contente. J'écrirai ça demain. Là, j'ai trop de découvertes à faire.

Tant qu'à faire je m'occupe aussi d'être jolie. Ce soir, je retrouve celui que j'aime. Il me fallait un nouveau paquet de bandes dépilatoires, juste pour avoir les petites lingettes qui vont avec, de celles qui sont enrobées dans des sachets roses en plastique, et enlèvent les excès de cire. Il paraît qu'on peut les remplacer par de la simple huile d'olive… J'essaye. Et ça marche. Ça n'était pas la peine d'acheter plus. J'ai l'impression qu'on s'est foutu de ma gueule.

Suis triste d'un coup.

Si ça se trouve je vais bientôt faire ma lessive à la cendre de bois. Et ce sera pareil que quand j'achetais des choses bleu-vert et chères. On s'est moqué de moi. Je n'achetais qu'une odeur.

Tout ce qu'on me présente comme nécessaire, ce n'est donc rien qu'un paquet-cadeau ?

J'ai perdu la main.

On me l'a volée. Ou serait-ce ma faute ? Je l'ai donnée par inadvertance ?

Je veux la retrouver. Faire. Bâtir. Et puis penser. Comprendre. Réfléchir. Oui, ça commence par reprendre le contrôle de sa subsistance. Je ne veux plus abandonner mon estomac, ma vie, mon unique planète à Intermarché, Leclerc, les autres, pire, qu'on ne connaît pas, et puis FNSEA (en écrivant ces noms j'ai presque peur, l'impression de commettre une bêtise, d'embêter le seigneur de la vallée, mon maître, un homme tellement plus riche que moi), ni aux Syngenta et autres Monsanto. Je sais qu'ensemble nous pouvons. Je peux, déjà :

Ne plus manger de viande.

Ne plus m'habiller qu'en vintage.

Ne plus rouler en voiture, j'habite à Paris (oui mais ce sentiment de liberté quand on prend le volant qu'on file à cent à l'heure…).

Ne plus acheter des fruits qui ont pris l'avion. Des ananas jet-setteurs, des tomates Kanye West.

Me saute aux yeux qu'avec tout ça, je vais forcément mincir, je serai musclée grâce au vélo, je m'habillerai de façon originale… c'est pas mal. Ça se tient.

J'ai besoin de bouger.

Comme je ne veux plus dépenser, je file au Louvre, c'est pas cher et ce soir c'est nocturne ! Pas rigolo rigolo, mais bon. Ça change. En attendant mon amoureux. Avoir autre chose à dire que : « J'ai signé une pétition pour les semences paysannes et j'envisage de faire mon propre pain et de manger mes déchets. » Lui vendre un peu de rêve, comme on dit.

J'ai froid sous mon parapluie – une pluie soudaine s'est abattue sur la ville – c'est pas grave, je suis Moïse, je m'encourage – je croise des boutiques où je pourrais me couvrir de jolies choses, non ! Je suis en résistance, au bord de fredonner la *Cinquième symphonie*. Mes pieds l'emportent sur mes mains avides, m'enlèvent plus loin sur les trottoirs de Paris.

Et plus je marche, plus je m'évade.

Je me surprends à me coller aux arbres, à poser mes pas aux endroits où les racines soulèvent les pavés, je voudrais arracher les pierres, cela me fait littéralement mal de voir les platanes tenter de croître sous le béton, entre les tuyaux de gaz.

Sur la Seine je devine trois canards et quatre sacs en plastique.

Il pleut si fort j'ai le bout des pieds mouillés mais j'aperçois le Louvre et l'espoir grandit en moi : si l'on a pu faire ça, on pourra faire de grandes choses encore ! Oui je vais me consacrer à ma nouvelle voie – laquelle ? Je ne sais pas, mais j'y vais !

La pluie redouble et je frissonne : peut-être que mon amour ne voudra pas me suivre sur les routes vertes, peut-être que je suis en train, emportée par mon drôle de désir, de rater ma vie aux yeux des autres, voire, plus tard, aux miens.

Devant les douves du palais, je ferme les paupières. C'est le seul espace assez vaste dans cette ville pour marcher les yeux clos, sentir les cailloux les reliefs du sol et tenter de se référer à un vague sens de l'orientation, un genre de magnétisme comme celui des oiseaux. Je n'y arrive pas du tout.

Je passe sous les statues, Rabelais qui n'a pas l'air sympa, Voltaire qui sourit tout le temps, pourquoi ?, j'entre.

Je traverse des salles immenses, j'avale des kilomètres de magnificence, c'est rouge c'est doré c'est grandiose, je n'en reviens pas de la hauteur des plafonds, de la grâce des peintures là-haut, je me dis eh ben, on est forts !, suis fière des hommes et puis, ça me saute aux yeux : longtemps, nous n'avons peint que nous-mêmes. Nous en sublimes, nous en Dieu, en Jésus Marie Joseph, mais toujours et encore nous. Partout des visages. Des corps humains. Quelques arbres en arrière-plan pour habiller, comme des feuilles de salade au fond d'un plat. Voilà tout. Nous ne sculptions les animaux que pour les enfourcher les chevaucher lance à la main ; à part le bœuf et l'âne gris, le chien de meute qui plante ses dents dans un sanglier, tout autre animal que nous meurt. J'avance, atterrée.

L'Esclave de Michel-Ange m'arrête. *L'Esclave mourant* représente un homme sublime, en marbre blanc, plus grand que nous, les yeux clos le bras gauche relevé la main sur l'arrière de son crâne la tête inclinée sur l'épaule, on dirait qu'il est en extase et invite à s'endormir près de lui la tête au creux de son coude. J'en fais le tour, médusée. Derrière, Michel-Ange a laissé la pierre brute. Et ébauché vaguement un singe aux pieds de l'homme : il a l'air de ricaner, de rappeler à son cousin vertical qu'il est sauvage, lui aussi, bout de chair de terre de matière sans laquelle la statue disparaît, sans laquelle je crève.

Je ressors, comme ivre. Vite, rentrer à la maison, plonger dans mes cours d'agriculture : fertilisation des sols, transformation des produits maraîchers, maraîchage… Oh je tiens là quelque chose, un fil vers ma joie. Je gambade sous la pluie, fais des détours, je veux marcher, marcher encore et, par un de ces faux hasards étranges, me retrouve devant un « local » vegan que j'avais remarqué, un jour, en passant devant en autobus. C'est une permanence, sur la porte vitrée on propose des ateliers « comment militer pour les animaux » où, lit-on, « tout le monde est le bienvenu ». Il est tard déjà mais j'entre. Je ne sais pas ce que je cherche, je cherche, voilà tout.

C'est tout petit comme local c'est presque pathétique tant c'est modeste. À peine une boutique de cordonnier. Une sonnette retentit alors que je referme la porte sur une pièce minuscule, les pieds trempés sur une moquette élimée, orange, de bureau des années soixante-dix. Des posters d'animaux me saluent. À peine un pas plus loin, une autre porte s'ouvre : « Bonjour, tu viens pour l'atelier ? » Je réponds oui, le cœur ouvert, à l'inconnu, du Joe Dassin dans la tête. « Alors suis-moi ! » m'enjoint ce garçon livide, brun, chevelu, les épaules basses et le pas traînant, enveloppé dans un trop large gilet péruvien. « Tout le monde est le bienvenu ! Prends une chaise. » Je me glisse, dérange une, deux personnes, accroche ma veste à un dossier, pardon désolée pardon, tant pis, je prends place sur un tabouret. Il y a là encore des posters punaisés aux murs, de vaches de poules de cochons, d'un pingouin, on a scotché un papier blanc avec écrit « atelier » en rouge, il fait si froid que les autres participants tiennent leurs mains recroquevillées dans les manches de leur blouson.

— Alors, Matthieu, tu dis que toi tu as encore du mal à ne plus mettre des chaussures en cuir ?

Ouh mon Dieu ! Je réalise que j'ai un sac en daim, des boots en cuir verni, une ceinture… Devant moi, une fille aux cheveux bleus tressés à l'autrichienne sur le dessus de sa tête et deux garçons livides font une mine choquée. L'un d'eux, au RSA, explique avoir arrêté de travailler pour se consacrer à la cause animale, il ne peut retenir un « c'est pas comme s'il n'y avait pas des chaussures en tissu disponibles... la moindre paire de baskets... »

— Attention, rappelle l'animateur, on n'est pas là pour se juger, on ne juge pas, Matthieu ! C'est le problème du militantisme, dit-il en se tournant vers moi, ma virginité en la matière sautant apparemment aux yeux, on veut tous être purs, on s'engueule, le ton peut vite monter il faut faire attention...

J'acquiesce.

— Mais les porter, c'est faire l'apologie de l'exploitation de la vache..., murmure ma voisine, une femme d'une cinquantaine d'années, le genre ancienne rockeuse des années quatre-vingt, qui dit cela doucement, l'air désolé.

— Et en même temps ne plus les mettre c'est que la vache est morte pour rien..., ose une jeune fille rougissante.

Ce n'est pas ma came, ma tasse de thé, ma patrie, mais je me sens comme aux manifestations pour la fin des tortures animales, fière de ces ondes envoyées aux vaches aux cochons aux poules, aux soixante milliards d'animaux tués chaque année dans le monde pour leur dire on vous aime, on a honte, pardon. Soixante milliards sans compter les poissons. Trente-cinq animaux, chaque seconde, rien qu'en France dans nos abattoirs. Trois millions chaque jour.

Je fais déjà des calculs dans ma tête : si je vends mon appartement et que j'achète une maison de campagne pour accueillir des cochons de l'association Groin groin, aurai-je les moyens de m'offrir un Airbnb pour revenir de temps en temps travailler à Paris ?

— Qui a réussi à faire de la chantilly avec des graines de chia ? lance ma voisine.

— Moi ! Je t'enverrai tout, Martine !

— Je voudrais revenir sur mon problème, reprend le fameux Matthieu. Moi, j'ai un ami apiculteur…

On entend monter les murmures réprobateurs.

— Attention, attention, calme à nouveau l'animateur. Encore une fois, on ne juge pas les autres, chacun évolue, on peut dire une chose et en penser une autre, il faut rester dans la souplesse, nous-mêmes nous sommes en pleine évolution, sait-on jamais ce qu'on pense vraiment ? Alors donc, Matthieu, exprime-toi en toute liberté, tu as un ami apiculteur…

C'est vrai. Moi-même je ne sais pas ce que je pense. D'un côté, j'ai l'impression d'être à une réunion du PCF en 1956. Mais d'un autre, je suis admirative. Je suis avec les suffragettes. Les gens qui exagèrent mènent le monde !

— J'ai un ami apiculteur, moi aussi, Matthieu, dit ma voisine, je mangeais son miel, c'est vrai, je l'avoue. Mais ça m'a pris du temps et maintenant ça y est, ça me dégoûte, je ne le prends plus. Tu verras, ça te fera pareil, c'est comme avec tes chaussures, tu voudras les donner. C'est une question de temps. Regarde des vidéos. C'est terrible à regarder mais, après, on se sent dans le vrai. On agit de façon plus juste.

— Mais oui, c'est très vrai ça, Sylvie, acquiesce l'animateur. Il faut être souple : on change ! Moi, par exemple, je portais tout le temps un t-shirt avec écrit « *friends of animals* ». Mais j'ai compris que c'était faux ! Je ne suis pas « ami » avec un cochon ou une vache. Je ne sais pas ce qu'ils pensent, on ne se tape pas des barres de rire ensemble. Simplement, je respecte leur volonté de ne pas mourir. Le cochon ne veut pas mourir pour moi. Si je l'approchais avec un couteau il s'enfuirait. Dans l'abattoir, il hurle à la mort. J'ai enlevé ce t-shirt. On me l'a reproché, je réponds : je ne suis pas non plus ami avec mon voisin, et alors ? Ce n'est pas pour autant que je vais le tuer et le manger !

— Et moi, je crois que j'ai changé dans le sens inverse, assure un étudiant barbu : avant j'étais contre l'exploitation de tout animal qui pouvait manifester un intérêt à vivre et est capable de souffrir, mais je commence à réviser mon point de vue. En ce qui concerne les vers de terre, je pense qu'on peut les exploiter pour faire du compost.

J'écarquille les yeux tandis que ça s'affaire autour de la définition du welfarisme, un conséquentialisme… Je suis sur les bancs de la fac. Demain est ouvert à nouveau.

— Est-ce que tu veux te présenter ?

L'animateur m'a tirée hors de ma rêverie. Il faut dire son nom, qui on est…

— Oui, enfin, je, je suis dans une démarche toute récente… Je ne mange plus de viande mais…

— Je t'arrête, pour ne pas se juger, nous ne nous disons pas ce que nous mangeons…

— Ah, d'accord. Et… et voilà… je cherche un peu comment agir…

— Alors, bienvenue ! Tu es au bon endroit, on espère t'être utiles, n'hésite pas si tu as des questions.

J'ai l'impression qu'on va se mettre tout nu, que c'est toujours sur ce ton engageant, avec un tutoiement mi-hippie, mi-coupeur de tête, qu'on accueille les nouveaux venus dans un club quel qu'il soit : bienvenu, sens-toi libre, pose-nous des questions si tu veux, tu as le droit de t'interroger…

Pendant que ça parle recettes, en essayant de se réchauffer autour d'un thé et d'un délicieux goûter offert par la maison de tapioca banane lait de coco, je regarde les autres. En étrangère. Je sais qu'on ne va pas échanger nos numéros, s'inviter à dîner. Je les aime beaucoup, ces camarades, mais là je suis un peu trop loin, trop à fond dans le radical.

J'ai besoin que mes combats me ressemblent un peu.

En sortant, il est plus de dix-neuf heures, il pleut toujours mais une idée me vient : je vais commencer par là où je me sens chez moi : militer au sein du bureau. Influencer les journalistes, c'est bien le meilleur point de départ !

Je vais envoyer un mail – « Carrément ! Après tout pourquoi pas ? » – à mon big boss. Je lui expliquerai mon engagement, mes articles, mon BPREA, mes connaissances en écologie (il faut toujours mentir un peu), je lui dirai que nous nous devons d'avoir des locaux à la pointe de l'écologie, ne serait-ce que pour faire bien, j'en ai plein des idées, ça se bouscule, j'entre dans le premier café venu, je rédige le mail. Il va dire oui. J'y crois tellement. Je vais installer un potager sur la terrasse, des poules, une ruche ! J'appuie sur « *send* » le cœur battant.

Je sors. Quitte le bar, dis « au revoir merci » d'un ton grave, lançant un regard appuyé au garçon de café. Il ne le sait pas, lui, mais c'est une journée historique pour moi. J'oublie là-bas mon parapluie, je marche à grands pas sous l'averse pour sentir l'eau sur mes joues. J'ai besoin des éléments d'avoir froid de marcher vite de me sentir palpiter.

Zut. Il a répondu.

Arghhhhh ça ça n'était pas prévu.

Je m'arrête sous un Abribus, ouvre en grelottant ma boîte mail. « Bonjour, merci pour votre mail, nous sommes très intéressés par ce genre d'initiative. Si vous êtes dans les locaux, venez me voir vers dix-neuf heures trente-vingt heures, je pars à New York demain c'est le seul créneau que je peux vous proposer sinon voyez avec mon assistante. Bien à vous. »

Je ne suis pas dans les locaux… ça fait nul. Mais il a répondu ! Ô l'espérance ! Il suffisait de demander ? À la guerre comme à la guerre. Je ne suis pas prête mais il faut y aller. Le monde me dit oui ! Je saute dans le métro et hop, direction les lendemains qui chantent.

La tour

Le « grand patron ». Ça ne se dit pas, on dit mon « n + quelque chose », pour faire comme si ça n'existait pas, un patron, ou alors on le dit en anglais, le big boss, ça noie le poisson tout pareil. Plus je pense à mon univers et plus il me semble que c'est une farce, avec ces « dommages collatéraux » quand on vous tue, ces « plans de sauvetage de l'emploi » quand on vous vire. Je n'en suis pas là j'espère. Au contraire. Je reprends ma vie en main, je vais changer les choses autour de moi.

Dans le wagon bondé du métro, un type me rentre dedans à chaque coup de frein, sur le poteau métallique une main rougeaude glisse vers la mienne, m'effleure, remonte, glisse à nouveau. J'essaie de penser à mes idées, de les noter quand je peux lâcher la barre, un court instant, pressée entre les sacs et les corps, j'essaie de ne pas entendre cet homme aux cheveux blancs qui radote d'une voix servile : « Je suis un retraité qui n'arrive pas à joindre les deux bouts, la moindre pièce va me rendre service, peu pour moi c'est déjà beaucoup, je ne m'en sors pas je n'arrive pas à vivre je suis un retraité qui n'arrive pas à joindre les deux bouts, la moindre pièce va me rendre service... » Oui mais ça va mieux, ça va mieux j'arrive à supporter mon cœur qui se serre à l'entendre parce que je viens de poser les premières pierres de mon autre chemin, celui qui espère mieux, celui qui ose.

Ça commence maintenant, le futur.

J'en ai tellement des idées, je me sens fière comme si j'avais réalisé un de leurs « PowerPoint »... J'en ai cent, des propositions « vertes » : ne plus commander de bouteilles d'eau mais utiliser des mugs et des fontaines à eau, installer des panneaux solaires sur le toit, recycler nos capsules de café, nos bouteilles d'eau, bien vérifier que nous éteignons nos ordinateurs en partant, cultiver nos propres salades, nos légumes, avec un système d'aquaponie, voire sur le toit de l'immeuble, ce qui permettrait de nous isoler et de faire des économies en climatisation et en chauffage, exiger que la cantine soit entièrement bio, installer dans les couloirs une machine qui broie les canettes, et pourquoi pas même un poulailler sur la terrasse, pour avoir des œufs frais et recycler nos déchets.

Je monte de plus en plus haut dans mes rêves : ils aimeront tellement mon projet qu'ils vont me promouvoir ! Ce soir j'annoncerai cette nouvelle à mon homme. Je me sens forte comme une montagne.

En sortant du métro j'écoute Johnny Hallyday, « cette fille-là mon Dieu, elle est terrible », et me demande : qui est-ce que je trouve « terrible » ? Alexandra David-Néel, Priscilla Telmon qui a marché sur ses pas, traversé le Népal à pied et plus encore, Marguerite Yourcenar… Moi, je ne serai jamais extraordinaire comme ça. Mais je vais faire tout ce que je peux. Oui. On n'écrira pas sur ma tombe : « Aurait pu mieux faire. »

Ça y est, j'y suis. Mon rendez-vous est au douzième étage. Il faut prendre un ascenseur spécial pour monter si haut. L'architecte a eu le sens de la mise en scène. Rien que d'appuyer sur « 12 », au sommet des boutons, c'est une émotion, en montant on a le temps de ravaler six fois sa salive, de se recoiffer devant la glace de se trouver moche, oh ça va, non moche aujourd'hui, oh ça va, pas mal en fait, tout en scrutant d'un œil anxieux les numéros des étages qui s'affichent sur le tableau électrique. C'est sûr, ça ne ferait pas le même effet s'il m'attendait au rez-de-chaussée à côté des gars du service courrier. À Kyoto, dans certains hôtels, les fenêtres sont basses pour qu'on admire les mousses et non le ciel.

Là-haut il m'attendra dans son bureau feutré, moquette épaisse, portes fermées, un endroit où l'on a son intimité, ses secrets, où se prennent des décisions sérieuses. J'ai mal au ventre. J'imagine une poignée de main mi-paresseuse, mi-condescendante, un regard appuyé pour faire croire qu'il m'aime beaucoup, et qui me hérisse à l'avance, parce que je sais que j'y croirai alors que ce ne sera pas pour de vrai.

Comme quand j'avais seize ans, que des types chevelus comme j'aimais m'enlaçaient sur la piste de danse en murmurant à mon oreille : « Oh toi je t'aime déjà, je vais t'épouser. » Je n'avais rien demandé. Je les aurais embrassés pour rien, moi, pour un peu de tendresse. Pourquoi ce besoin de s'armer de mensonges, et piétiner mes illusions ?

J'ai mal au ventre je sais que je vais rougir, intimidée pour rien – merci de me recevoir, je voulais, je voulais – oh je vais bafouiller aussi, ma voix montera dans les aigus – je voulais vous voir pour faire quelques propositions pour rendre nos locaux plus écologiques.

Je regarde mes notes griffonnées : elles ont l'air toutes moches maintenant, mes idées. Et si je l'abordais sous l'angle « on va faire des économies ? » Non. Non j'imagine un œil narquois, « ah ça, c'est certain qu'il faut faire des économies » ! Ne tends pas le bâton pour te faire battre ! D'ici qu'il m'explique qu'il faut tous nous virer, nous remplacer par des robots comme l'ont fait certains journaux aux États-Unis paraît-il. J'aurais beau dire « oui mais c'est la qualité qui importe, et ça ça a un prix, vous pouvez ne compter que sur des stagiaires débutants mais vous aurez moins de lecteurs, il y aura des fautes d'orthographe, des faits pas vérifiés, des intervenants louches… »

Bon. Je relis ma petite ligne sur les poules, pour le recyclage des déchets, mais aussi pour l'image, un animal sympathique, dont on prendrait soin ensemble, ce qui serait l'occasion de faire des ateliers de « *team building* » ?

Évidemment qu'il va dire non. Je vais avoir l'air sotte. Je sourirai et, lui, je le vois déjà, prendra un air grave, les yeux baissés, François Mitterrand, cardinal. Mes joues tournent au violet. Les bouteilles d'eau, ça, peut-être, à la rigueur ? Je dirai : « La mer est faite de gouttes d'eau… Six fois trente bouteilles par mois ça fait 2 160 par an. Multiplié par chaque étage ça fait 25 920. Chaque année. Dont 13 000 environ iraient tout droit dans l'océan sans ça. »

La cantine… La cantine il dira non, j'en suis sûre il dira ces mots renvoyés à la figure de toutes mes amies quand elles tentent de faire bouger les lignes : « Il faut être raisonnable, être concret, comprendre comment les choses fonctionnent », évidemment, vous, vous ne pouvez pas savoir, ma petite.

D'un coup j'ai sommeil. Je baisse la tête, l'impression que tout ça ne sert à rien, je suis Jacquou le Croquant, ou un de ces malheureux qui réclament un peu moins d'impôt sur le sel ou quoi ou qu'est-ce, et qui s'en vont manger des châtaignes, c'est ça ou rien du tout. Non mais pour qui me suis-je prise ? Qu'est-ce que je fais là ?

Il n'aura pas beaucoup de temps il faudra être efficace. Et si, arrivée là-haut, je redescendais ? Je prétexterais un rendez-vous de dernière minute, une interview, à vingt heures, ça fera bien d'être encore « sur le pont ». Comme si rentrer dîner chez soi c'était minable. Celui que j'aime, parfois, on l'appelle à deux heures, à quatre heures du matin. Dormir ? Vous dormez, vous ?

Non. Je ne peux pas partir comme ça, sur un échec. Je me reprends : mon sang bat la chamade mon cœur rappelle ses troupes j'entends le clairon qui sonne ce n'est pas une question de volonté, c'est comme ça mon cœur bat je dois lui obéir, si je reste là-dessus ça ne reviendra pas, il va s'assécher, mon cœur, il sera un vieux chiffon pour astiquer l'argenterie, non ça ne reviendra pas et c'est là.

L'ascenseur s'ouvre, je me relève, me tiens soudain droite, fais un pas dans le couloir… Je cherche son bureau. Il n'est pas là. « Retardé par un rendez-vous, me dit son assistante. Attendez-le il arrive tout de suite. » Bon.

Je file aux toilettes, m'entraîne devant la glace :

Alors, bon, merci de me recevoir, je, je suis là et – zut je transpire à nouveau, me touche les cheveux, me tortille, allons allons – je voulais juste vous proposer… Savoir si une rubrique sur l'environnement… Et j'avoue, j'espérais même un peu une promotion…

Non, non je ne peux pas demander ça je suis foutue si je fais ça plus de piges plus rien ? Je me reprends, répète, en guettant les bruits dans le couloir pour ne pas qu'on m'entende : si vous m'augmentez, je pourrai me concentrer sereinement, aller plus loin, voir à long terme, me consacrer à cette rubrique sur l'environnement, c'est extrêmement grave ce qui est en train de se passer les gens veulent savoir, ils veulent agir, mais il faut mener de vraies enquêtes. Approfondies. Qui demandent du temps.

« Laisse tomber ! » Prendre du temps pour enquêter à fond ? « J'espère que c'est ce que vous faites déjà, des enquêtes… on vous paie pour ça ! » Voilà ce qu'il va te dire. Et puis, on te le répète, trop d'environnement, ça ennuie les gens, ils ont des soucis… Ils veulent qu'on les détende, qu'on leur donne un peu de douceur, d'humour, de légèreté.

J'entends une voix dans le couloir. C'est lui ? Vite, un peu d'eau sur mon visage. Une de mes amies m'a raconté un rendez-vous où elle avait demandé une augmentation, et son patron lui avait répondu : « On fait déjà beaucoup d'efforts pour vous garder. C'est très compliqué, pour nous. Pour tout vous avouer je ne m'attendais pas à ça de vous, me parler de vos difficultés. On en a tous. J'en ai aussi, et beaucoup, croyez-moi ! Je m'attendais à plus de reconnaissance de votre part. De maturité. Vous devriez déjà être heureuse d'être là où vous êtes. » Et s'il me disait la même chose ?

Tu es venue pour rien. On te l'a dit, déjà, personne ne voudra faire d'efforts. Comme toi quand tu reprends du chocolat, comme toi quand tu refusais de changer de vie, de voir la crise climatique en face. Par paresse il ne m'écoutera pas – trop compliqué, trop habitué à ne pas le faire – et par paresse, moi, je vais rester là à acquiescer à tout ce qu'il dira et par paresse, nous allons tous crever les moineaux les grands singes les ours polaires les vers de terre les fougères les harengs les coraux et les humains ceux que j'aime ceux qu'aimeront ceux que j'aime après moi.

Je me redresse, et je vois littéralement le brouillard quitter mon cerveau : je vois la flemme, la flemme fondamentale, la fatigue qui emporte tout, l'orgie brutale et paresseuse de ma vie. Je m'entends prononcer ces mots à voix haute : « Je n'en peux plus. Il faut que je parte. »

Je sors, remonte le couloir, rappelle l'ascenseur. J'appuie sur le zéro.

Au rez-de-chaussée, je le croise près de la sortie. Je m'étais trompée, ce n'était pas lui dans le couloir, il me sourit, me tend une main ferme : « Je crois que nous avons rendez-vous je suis désolé j'ai été retenu…

— Aucun souci. Mais, je dois partir moi aussi. Je… – oui, je rougis. Je… Je crois qu'en réalité, monsieur – ces mots soudain malgré moi –, je ne vais pas pouvoir continuer à travailler ici…

— Vraiment ? Ah, je croyais… Bon. Vous êtes sûre ? Enfin bon, c'est vous qui voyez ! Prenez rendez-vous avec Karine ! Bureau 743. Tenez-moi au courant de vos projets !

Et il s'en va.

Il monte dans l'ascenseur.

Il est parti.

Je marche en funambule.

Suis rien du tout.

Rien du tout.

Dans cinq minutes je ne poserai plus mes pieds sur cette moquette et les hommes n'auront pas plus de souvenirs de moi que du ficus.

Je suis l'allée sonnée.

Pourquoi suis-je partie ? Mais qu'est-ce qui m'a pris ?

Je pars vers Pôle emploi. L'agriculture ? Mon avenir, c'est deux vaches qui refusent de donner leur lait trois plants de tomates qui ne poussent pas. Une banque qui me regarde comme une folle, et l'État qui me propose de m'aider si je m'endette jusqu'aux yeux en achetant un tracteur à cinquante mille euros. Le suicide au bout d'une poutre. C'est ça qui leur arrive, souvent, aux agriculteurs. À force d'angoisse.

La piscine

Il dort.

Pas moi.

Moi je regarde Djoux au pied du lit, son petit chien devenu le mien. Ses deux pattes étendues sur une frimousse en l'air, ses longues oreilles rousses relevées au-dessus de sa tête, elle m'implore de ses yeux noisette : on y va ? Allez, on y va ? On va où ? Dans le jour, mon amour, en plein dans la lumière, les champs la mer. Nous sommes en vacances, trois jours à Saint-Tropez. C'est lui qui y tenait : trois jours pour ne penser à rien, ni aux vaches ni au trou noir qu'est demain quand on a quitté son travail, rien que la paix chaude de ses bras.

Djoux, maintenant que j'ai les yeux grands ouverts, remue la queue, n'en peut plus d'impatience. Dehors existe et on reste là ?

Bon. J'arrive. Il me retient, je me laisse faire, me retourne contre son torse, fais semblant de pouvoir respirer sous la couette blottie là non, non dehors m'attend moi aussi. J'enfouis ma tête dans son cou, encore, encore un peu le respirer, pose un baiser sur son épaule et file dans la salle de bains.

La mer partout plein les fenêtres.

Elle est là, l'étrange animal, dragon bleu, les écailles étincelantes et pour gros œil un rocher noir.

Souvent mes états d'âme m'arrivent en chansons : à mon insu, un air résonne à mon oreille, et c'est cet air qui me dit ce que je ressens. Eh bien, en ce moment, je chante : *Je chante*, de Charles Trénet. « On est dans du basique », dirait mon amie Nathalie. La vie n'est pas si compliquée. Il faut croire que je suis heureuse.

Hier soir nous avons dansé. À l'ancienne, comme dans Aznavour. De retour dans la chambre, la nuit était tombée, nous n'avions plus envie de rien que de nous deux, il a mis *Petite Fleur*. *Petite Fleur*, c'était Sidney Bechet, le souvenir de mon grand-père qui, des obscurités d'Alzheimer, me revenait quand je lui passais ce disque, ses yeux gris redevenaient bleus, un sourire effaçait l'inquiétude de ses traits, je le revois qui ouvre la bouche, non, pas de mots mais ça va, il lève un doigt, un sourcil, sourit encore, me regarde, son œil malicieux qui me dit : « Alors donc, c'est vrai ? On me connaît encore ? Quelqu'un sait ce que j'aime, et m'aime et me rend mes amours ? » Lui qui m'avait appris, petite, à sautiller sur du Charleston. Il a mis *Petite Fleur* et nous avons dansé, joue contre joue, nos mains unies contre nos cœurs, nous balançant lentement, à gauche, à droite, je levais les yeux vers lui, étonnée. Alors, il a ôté ses lunettes et j'ai souri parce qu'il a l'érotisme tendre, mon homme et des mains douces qui me disent que ça va aller.

Je crois bien qu'il ressemble au bonheur.

C'est fou d'y ressembler tant. Quand sa voix s'envole de joie quand je me colle à lui pour un rien, il ressemble aux matins heureux, aux enfants qui sautent sur les lits, au rire, à la vie.

Dans la voiture, hier, sur la route depuis la gare, à travers les collines et les oliviers, comme à chaque fois que l'on roule, que l'on marche, que l'on regarde devant soi – pourquoi ? il paraît que Socrate a dit qu'on ne pensait bien qu'en marchant, je trouve aussi – on a parlé des heures, comme font les amoureux. Le moindre détail de nos vies nous paraissait extraordinaire, un rien nous faisait rire aux larmes. Un infime soupir, parce que sa main posée sur ma cuisse, parce qu'un silence prolongé, nous plongeait dans un recueillement profond, grave, où se mêlaient aussi des baisers imaginaires, de cheveux en désordre, un souffle court, on ne va pas faire l'amour dans un champ ? Si ? Non, on n'ose pas encore. Tiens mettons la radio si on faisait plutôt un *blind test* ? Il triche. On s'arrête un instant – regarde, d'ici on voit la mer – et nos yeux étonnés de nous revoir, nous, nos mains affolées de se rencontrer, ce silence qui statue l'annonce de l'amour.

Pourtant j'ai peur. Il y a dans son regard une tristesse de vieil animal, un appel ou est-ce seulement moi qui veux l'entendre, un truc de môme perdu qui demande où l'on va. Mais est-ce que je sais, moi ? Il ne me pose pas de questions de peur que je ne lui en pose, ou que je n'aie pas de réponses. On reste sur nos gardes, avec nos paravents, nos maquillages. Nous gardons nos âmes habillées.

Mais hier, en dansant il a murmuré, grave : « Avec toi j'ai douze ans. J'ai mal au ventre quand tu me quittes, je me dis que je ne pourrais pas vivre sans toi, rien que l'idée me donne les larmes aux yeux, je veux te rendre heureuse. » Alors moi je trouve que la terre tourne rond. Et je lui réponds : « Oui, on sera heureux on l'est déjà ! Et un jour, on vivra à la campagne, avec Djoux. » On dit « on dirait, on serait, on ferait », on parle au futur et au conditionnel, on parle au temps des amoureux, ça me paraît bien commencer.

C'est moi qui lui ai offert ce chien. Une ruse, pour qu'il s'approche. Que lui qui n'aime que la ville et « samedi prochain il y a une expo mais d'abord on pourrait passer au Bon Marché il y a aussi ce restaurant que je voudrais tester », qu'il découvre la forêt l'odeur des feuilles l'air frais le cœur qui brûle. Il verra, en gambadant derrière ce tour de magie sur quatre pattes, comme c'est bon hors des murs, comme, ne serait-ce qu'en observant les arbres – la beauté d'un arbre tordu, d'un autre bizarre, d'un qui a l'air frêle… –, d'un coup les sentences dont on s'accable s'évanouissent, on n'a plus rien à se prouver. Rien à gagner sinon soi-même. Rien dont on ait besoin. Ce qu'il faut : des yeux des mains des pieds un nez une bouche. On l'a déjà.

Bien sûr il y a faire l'amour voler des après-midi pour se voir encore il y a m'endormir son corps collé au mien, il y a tenter de démêler dans sa voix des accents de fragilité où il me semble me reconnaître – elle monte et redescend tout le temps, en transports qui s'arrêtent, en pudeurs soudaines –, mais je voulais plus. Qu'on soit nus. Qu'on s'aime en animaux. En loups, en troupeau. Qu'on ait envie de la même herbe, des mêmes sommets, qu'on se renifle, je voulais, après une course folle, entendre dans son essoufflement qu'il est heureux d'un bonheur qui est le mien. Que nos yeux brillent pareil. Qu'il s'offre cette liberté-là, d'être joyeux tout pur pour que dalle. Pour des bêtises. Je voulais nous voir idiots. Bêtas. Couillons. Nous aimer comme ça.

Avec Djoux c'est possible. J'avais vu cette petite tête rousse qui attendait qu'on l'aime sur le site de la SPA. Parmi des animaux balancés d'une voiture, abandonnés en pleine forêt, frappés, enfermés, affamés, des horreurs comme ça, que l'on fait. Djoux ressemble à un écureuil qui sourit, une amie de Rox et Rouky mais c'est un genre de teckel haut sur pattes. Une bâtarde. Une fille des rues. Coquine, par génétique. Et chic, princesse. Elle est si petite qu'elle vous regarde toujours d'en bas, avec des yeux tristes, un long nez, l'air d'une vieille dame qui en a vécu des choses, mais un torse fier et frétillant, un ventre rose qu'elle vous montre en tanguant, debout sur ses deux pattes arrière quand elle vous voit venir ou saisir sa laisse, elle se tortille sans pudibonderie, toute à son espérance.

Dès qu'il l'a vue, il s'est mis à genoux. Il est redevenu bête, la bouche pleine de mots roses et ronds comme des bonbons des « oh ben dis donc ! oh ben dis donc on est contents ! » libérateurs. « Tout ça pour que j'aie envie d'aller à la campagne avec toi… » avait-il ri, puis, une fois, deux fois, trois, mille : « C'est le plus beau cadeau qu'on m'ait fait. Je n'en reviens pas d'être heureux comme ça. Le plus beau cadeau de toute ma vie. »

Je vois bien que cette joie l'ébranle. Ce plaisir neuf, enfantin, gratuit. Il ne sait pas trop quoi en faire. Parfois, il s'arrête, me regarde, interdit.

Je m'assieds au bord du lit, pose un baiser sur ses cheveux. Il se hisse sur ses coudes, lève de petits yeux froncés :

— Bon… j'ai l'impression qu'on ne va pas beaucoup profiter de la chambre ce matin…

Je bondis :

— On pourrait aller marcher au bord de la mer ? Sur le chemin des douaniers ?

— Oui, mon amour… On est ici pour te faire plaisir.

En route, capitaine.

Nous laissons la chambre immense, sa terrasse où depuis deux jours nous n'avons pas mis les pieds, saluons des bosquets de buis en boule, des fontaines enchâssées dans du béton beige et, enfin, passée une modeste barrière de métal vert, trouvons l'escalier de pierre qui descend vers la mer.

Djoux tire fort sur sa laisse. L'eau, le vent, le sable, le soleil, les algues, quelque chose lui crie qu'on l'attend.

Le long du lacet rose, nous sommes acclamés par les pins parasols, attendus par le soleil qui papillonne sur la mer et la mer qui se glisse partout, invente des piscines turquoise, vert tendre, bleu clair entre les branches. Nous arrivons sur le sentier des douaniers, une petite crique propose un peu de sable mou, et je vois partir en courant l'homme que j'aime et notre petit chien, qui saute, couine de bonheur, des petits cris fous, et mon homme qui court, qui court, qui lance enfin un cri de joie.

Je ne l'avais jamais vu courir. Il me fait penser à un ami DJ, qui dans ses spectacles, à un moment, se met à danser or il ne sait pas danser alors, au début, les gens s'arrêtent : « Euh… non mais c'est quoi cette choré complètement ratée, on a dépensé tout cet argent pour… ? » Et soudain, ils comprennent, on comprend tous ce qu'il fait : il ose être ridicule. La foule est libérée, ça danse ça bondit ça rebondit ça redouble de bonheur ça pousse des cris : on peut faire ce qu'on veut ! C'est comme ça que mon homme court. Comme quelqu'un qui n'a plus couru depuis le collège mais qui s'en fiche parce que c'est bon, et chaque fois qu'il manque de tomber et se reprend, j'en ai le cœur fondu.

J'ai lu quelque part que les Grecs de l'Antiquité ne parlaient pas au passé. Ils n'auraient pas dit, par exemple, « ce furent de belles journées », non. Ils préféraient le présent. Un Grec ancien aurait dit qu'à jamais ces quelques jours en Provence, au milieu des vignes et des champs d'oliviers, sont merveilleux. Par quelle étrangeté, quel désir de ne pas souffrir, quelle lutte manquée contre la nostalgie, essayons-nous d'enterrer les amours les étés, de dire « j'aimais beaucoup ma grand-mère » ?

Mon amour ne veut pas penser à l'avenir de la planète, qui se fera et puis on verra. Il ne veut pas trop penser non plus à ses parents qui lui manquent, ni s'inquiéter pour demain. Ne pas trop se souvenir ne pas trop espérer, il espère ainsi échapper au chagrin.

Et quand il est heureux comme ça, au présent, j'aimerais être comme lui.

Je ne peux plus.

Nous rentrons à l'hôtel les cheveux emmêlés de vent, les yeux pleins de lumière, passons les grandes portes du restaurant, bonjour madame, monsieur, traversons un vaste salon beige pour rejoindre la salle dévolue au petit-déjeuner. Je prends des œufs brouillés une salade de fruits une brioche du fromage, mais le meilleur c'est s'asseoir devant la mer. C'est ça qu'il m'offre, qu'il a payé si cher. À la fin du voyage, on ne se souviendra que de la vue. La beauté tout autour.

Je m'enthousiasme : « C'est le paradis ! » Il est heureux.

— Et attends, j'ai plein de surprises pour toi !

— Mais il ne fallait pas ! C'est déjà super, un week-end !

— Dis, ça ne t'ennuie pas si je te laisse un quart d'heure, j'ai un *call* mais ça ne devrait pas durer longtemps…

Call. Sa bouche déborde de mots qui me font rentrer les épaules dans le cou. Il y a un paysage du vocabulaire, « piano piano » m'apporte un cyprès, « call » a les dents violettes, une grosse montre au poignet. Qu'importe, autour de moi la mer luminescente, la canopée de pins parasols, tout est beau. Mais quelque chose me manque. Quelque chose comme la vraie vie.

Une nuit j'ai dormi au Ritz, les moquettes bleu profond les pantoufles roses les robinets en cygne d'or. J'étais toute seule sur mon petit balcon parisien, je jubilais. Ça ne m'intéresse plus. On n'a pas le droit de dire ça. Je m'en rends d'autant plus compte, maintenant que je vais devoir m'inscrire à Pôle emploi. Ça me rappelle une phrase d'Olivier de Kersauson, mon voisin pour deux heures dans un avion pour Valence : « Il ne faut pas mépriser l'argent, il vous le rend trop bien. » C'est vrai. Je suis en rouge. Tout le temps. J'ai peur. De tomber. De ne pas avoir de retraite. Ni de sécu. Que ça me fasse rêver de nouveau l'ostentatoire, quand je serai pauvre pour de vrai, quand ça me paraîtra inatteignable, que j'en éprouve alors une fièvre. Mais voilà, au beau milieu d'un palace, plongée dans ce rêve commun comme une cerise dans un Mon Chéri, j'ai le spleen. Mais qu'est-ce que c'est ? Un snobisme ? Un reste de catholicisme ? Je rêve d'une cabane de bric et de broc, avec des meubles aimés, où mes aïeux ont laissé leur empreinte, qu'ils ont caressés de leurs yeux. Et puis quelques trucs jolis bien sûr. Pensés. Ou d'aller voir ailleurs. Des montagnes, des oiseaux, des rivières, des gens qui ne me ressemblent pas, des poissons. Ici j'ai de ces moues d'indifférence qu'on voit parfois sur les grands patrons gris. Ici je m'ennuie.

« Tu te rends compte de la chance que tu as » ! M'en fous.

Depuis que j'ai quitté le journal, je dis non. De plus en plus. Je m'en gargarise, de ne plus faire des courbettes, des sourires, « sois gentille ». Avec mon amoureux, nous voulions passer Noël à Pétra. Dormir dans le désert, Wadi Rum, les constellations sur nos sommeils. C'était pour cinq jours, ça nous aurait plu la lumière, les odeurs, des musiques des bruits nouveaux j'en rêvais. Ça m'est tombé d'un coup, j'ai refusé. Je rêve toujours d'aller en Jordanie, mais pas comme ça, pas pour quelques nuits comme on tire un petit coup.

J'ai envie de partir longtemps, et en train ma bonne dame, pour voir changer le paysage, comme quand je vais à Bayonne et que je sens, à travers l'air qui nous arrive plein de poussière et de ferraille, mais qui nous arrive quand même du dehors, qu'un peu de chaleur humide nous chatouille le nez quand on approche Bordeaux, on va pénétrer les Landes, tiens, un chêne a surgi, deux, ça y est, nous quittons la pinède, on est au Pays basque, ça se devine à un frisson, à une feuille plus amusante, branche touffue, presque un fou rire qui se glisse parmi les pins.

Un train pour Bayonne, c'est en équivalent CO_2 six arbres à planter. Un avion pour Istanbul, c'est deux cent six ! Ça me tente, Istanbul... y aller en Orient-Express ! Comme Hercule Poirot.

Partir des mois dans chaque lieu, m'y rendre au bout d'un long voyage, éreintée de trains de bateaux de paysages de sons nouveaux à mon oreille, arriver partout comme à Jérusalem. Et se poser là, se couler dans les villes et les jours, arpenter les trottoirs guetter les habitudes qui se creusent en moi, comme la peau se bronze, doucement, devenir autre. S'étonner. Renaître.

Je voudrais aller en Écosse. L'Écosse en train, voir l'Angleterre que j'imagine, pas Londres, l'Angleterre, verte et blafarde, avec des petites maisons charmantes, des scones derrière chaque vitre, des vieilles filles sur des fauteuils fleuris. *Hello dear !*

Dans un train, « ça c'est du sérieux », aurait dit mon grand-oncle, je me goinfre de paysages, je prends mon temps, j'en ai plein. Je sors un vieil iPod et m'offre des rêveries. Parfois, mon image flotte floue sur les champs, mon visage fugace et rien du tout, je m'évanouis, je reparais, je suis là comme une ombre, un rayon de soleil, autrefois je détestais qu'on me dise, au mercredi des Cendres, « poussière tu retourneras à la poussière », aujourd'hui ça m'apaise. J'ai envie d'être moins, pour ne plus abîmer le monde.

C'est pas bien gai, tout ça, me dis-je en reprenant de la brioche, avec beaucoup de beurre et un peu de confiture. Est-ce que je deviens bigote ? J'ai la rigueur d'un converti. Je parle comme un vieux missel.

À peine mon homme revient-il que la sonnerie de son téléphone retentit à nouveau, il repart. Sa voix change.

Son visage change.

Il lève le menton, regarde ailleurs, fait des blagues qu'il ne me ferait pas, à moi. Il est au bureau. Le voici qui parle fort, s'éloigne pour ne pas déranger.

Je le quitte des yeux, commande un autre café-crème et me plonge dans le journal : une espèce sur deux est menacée. Seuls 40 % des lacs et rivières européennes sont dans un état « écologiquement bon ». Pour le reste, on se baigne dans un liquide mêlé de mercure et de pesticides. Je le regarde, mon amoureux, et d'un coup je le juge. Je ne comprends pas qu'il s'intéresse à autre chose.

Travailler mon BPREA, il n'y a que cela qui apaise mon angoisse. Je passe mon temps à chasser l'idée que l'eau monte, que des pestes bizarres, vertes, orange dévastent les villes, que des oiseaux meurent de faim, qu'un jour je ne pourrai plus me baigner sur la grande plage, trop de déchets. Ah non, ça, ça arrive déjà. Travailler, travailler, travailler. C'est comme une chambre en désordre : si on regarde l'ensemble on est dépassé on n'en voit pas le bout, si on prend une chaussette et qu'on la met dans le panier de linge sale, ça va déjà mieux. Je m'en vais.

Des paquets de polycopiés plein les bras, mes lunettes – désespoir de la vieillesse qui s'annonce – et un maillot si décolleté que je ne peux pas me pencher en avant sans dévoiler un sein, j'arrive à la piscine.

Les chiens sont interdits. J'ai laissé Djoux dormir sur le lit douillet.

Zut, j'ai emporté ma serviette alors qu'il y en a ici des dizaines. Suis-je ridicule ? Dans ces lieux trop chics pour moi, comme partout ailleurs en réalité, je me sens à côté de la plaque, j'ai peur de désobéir aux accords tacites et, à la fois, envie de faire des bêtises. Oui, dans un hôtel de luxe, j'ai l'impression d'être chez ma grand-tante, une femme de général, l'amie intime du roi du Danemark !, tellement drôle et tellement snob qu'elle était redoutée de tout son club de bridge. Je dérange. On chuchote autour de moi. Ici, on chuchote, c'est comme ça. Prends un matelas pour deux, un cocon avec une sorte de couvercle en rotin, recourbé comme le toit d'un couffin.

Sur les matelas voisins, un couple de retraités allemands, un Français entre deux âges, barbu comme mon homme et une femme très jeune, très belle, très frêle aux cheveux courts platine, des colliers plein le cou, qui se filme sur fond de piscine avec son téléphone ; on dirait qu'elle s'ennuie, petite Cléopâtre sans royaume, qu'elle ne quittera jamais ce matelas, un coup portée par des éléphants, un autre par les moteurs d'un jet, toujours couchée, étendue, et mourra dans une robe en lamé avec un brushing.

Entre les nuages et les pins parasols, plane une musique d'ambiance. Des boissons fraîches me font de l'œil sur un plateau d'argent, près d'un menu où l'on propose comme partout une tomate mozza un club sandwich et un tartare de saumon.

Je m'installe : jambes repliées, lunettes sur le nez, stylo à la main, pas sexy comme la fille à côté, je révise ma compta. Il fait trop chaud pour un jour d'octobre, mais un peu frais malgré le soleil, personne ne se baigne.

Je ne savais pas que c'était si extraordinairement difficile, l'agriculture. Il y a des cours de chimie, de fertilisation des sols, des cours de « transformation des végétaux » – même que je ne sais pas vraiment ce que ça veut dire et n'ose pas appeler la prof pour demander si des spaghettis de courgettes, ça compte –, il y a des cours de « commercialisation des produits », de comptabilité, de droit rural. Mon examen de comptabilité est dans une semaine. J'ai peur comme à seize ans.

Les termes me hérissent : charges pour dépenses ou produits pour gains, pourquoi ne pas dire « gains » ? J'ai le cœur furibond rien que d'ouvrir mon classeur. Il faut pour réussir dans la compta être tout ce que je ne suis pas : méticuleuse, calme, obéissant, méthodique, et surtout, se passionner pour les sous. Ni inventive ni libre ni angoissée ni drôle.

Rien que de voir ces tableaux, cette patience plate qu'il me faudra, ça me gratte je me contorsionne mon cerveau tente de s'enfuir. Comment font les autres ? C'est joli ce bosquet… Reviens ! Katel m'a avertie : « L'argent, c'est le plus important, c'est ce qui mène les politiques agricoles c'est ce qui régit tout. Si tu veux avoir une terre, il faut se confronter à la réalité. Répondre à l'argent par l'argent. »

Oui.

Le *JDD* du voisin a l'air passionnant… Non, je ne peux plus. Je me suis mis ce joug autour du cou, allez, maintenant, tire.

Répondre aux chiffres par des chiffres. Compter les oiseaux qui tombent l'extinction des espèces les degrés de réchauffement. Le prix de la vie. Le rendement d'un ver de terre. Maintenant que je me suis décidée à monter une ferme, je veux qu'elle donne vie à des légumes sains au goût inoubliable. Qu'elle me rapporte, et me donne les moyens d'acheter plus de terre encore et de faire plus de bien.

Bah, ça m'agace. Un oiseau chante. Une femme s'est mise à l'eau, fait des longueurs, palmes aux pieds.

Je ne suis pas faite pour la comptabilité. C'est fichu pour ma ferme ? Mais il faut bien faire quelque chose ! Je réfléchis : une application Yuka qui indiquerait pour chaque produit les souffrances humaines et animales ? Des stages « sport agricole et méditation » à la montagne avec maniement de fourche et escalade, à la période des foins ? Des manifestations écolos quotidiennes devant l'Assemblée nationale, comme les grands-mères de la place de Mai ? Tenter d'aider Valérie Cabanes, juriste en droit international, qui milite pour la reconnaissance des droits de la nature et la condamnation de ceux qui la dévastent ? Lancer des pétitions pour que soit instauré un droit à l'image des animaux, des paysages… les jaguars chevaux toucans lions même les ours des ours en peluche recevraient des royalties de Disney et compagnie. Bon… Je ne vois pas du tout comment faire ça non plus.

Zut.

Je me lève, cale mes polycopiés sous une carafe de jus d'orange pressé, remets mon maillot en place. Je vais me baigner !

Je ne crois qu'aux détours. J'en fais un. Je plonge. Et au bout de quelques minutes à n'écouter que mon souffle dans l'eau, une pensée sirène vient chanter à mes oreilles. Me reviennent les images de ma classe verte. J'ai huit ans, peut-être neuf, nous sommes en Auvergne à Apinac. Pour la première fois, je suis montée dans un « TGV » je vois encore les grandes lettres écrites sur le tableau noir, j'entends Mme Ducros répéter « train à grande vitesse ». Là-bas, sous mon bonnet rouge, signe distinctif obligatoire pour mes camarades et moi, j'avais goûté aux joies de fabriquer des choses : on avait fait du papier, une poubelle en rotin, du pain, du beurre, une planche de bois, du fromage – j'y repense, m'enfièvre, passe en dos crawlé. Ces souvenirs abandonnés, les voilà qui resplendissent devant mes yeux mon étoile du berger : je veux revivre ma classe verte, je veux monter une ferme pédagogique ! Offrir cette chance aux gens de retrouver leurs mains de comprendre une chèvre de manger une carotte qu'ils tirent eux-mêmes de terre de fabriquer une table. Avec les mains on saisit, on comprend toujours mieux. Ils pourraient se rendre compte que la nature est fragile et magnifique, qu'ils peuvent y apporter leur sel, leur grain de beauté. Oui, me dis-je en sortant brusquement la tête de l'eau, les coudes sur le rebord de la piscine, les yeux vers l'horizon : je vais monter une ferme pédagogique !

Je me précipite vers mon matelas, attrape un crayon.

J'écris : « Monter une ferme pédagogique. »

Zut, comme ça, ça fait bof.

Tant pis.

Ce sera mieux que ça : une école, chic, écolo, avec des panneaux solaires et des toilettes sèches, ça ferait des clients pour les agriculteurs, ça nous rapprocherait les uns des autres on se parlerait on irait loin ensemble, ce serait beau. Il y aurait de jolis canapés des fleurs une cheminée. J'y vivrai ! J'accueillerai un cochon qui ne sera jamais mangé, un veau jamais arraché à sa mère.

On donnera des cours de cuisine végane, de rotin ! On mangera bien ! On verra comme c'est possible et doux, de vivre sans dévaster. Oh j'ai envie de l'agripper mon projet de lui faire des bisous j'ai envie de lui… !

Je note illico mes arguments.

Arguments pour : je ne supporte plus Paris, j'ai envie vivre à l'air libre, et puis j'ai, je le sais, cette anomalie de me sentir mieux avec un chat qu'avec un amant. D'être parfois plus attirée, quand arrivent des amis pour passer l'après-midi chez nous au Pays basque, par le chien que par l'enfant. C'est peut-être que je ne crois pas en mon prochain ?

Arguments contre : j'ai peur toute seule, peur sur les chemins de terre de boue dans la forêt peur dans une maison isolée, ça m'évoque des faits divers glaçants. À la campagne il fait froid. Loin des autres mon cœur aussi pourrait refroidir, noirceur à l'ombre de la solitude je pourrais bien finir haineuse à bouffer des Haribo en disant que les autres eh ben c'est des salauds.

Qu'importe, c'est l'évidence. Je regarde en arrière et mes faux pas s'éclairent : je me suis inscrite à ce BPREA pour ça. Je vais acheter une terre et la rendre fertile, la protéger, l'offrir et la défendre, la faire aimer, goûter, la rendre forte et vivante.

Vite ! Vite annoncer la nouvelle !

Au téléphone, mon homme ne répond pas.

Bon, je me calme, replonge dans la compta. Ça devient plus important que jamais.

C'est la première fois que je m'intéresse à l'argent. Je veux dire, vraiment. Avant, c'était comme si ça ne me regardait pas.

Parler d'argent, dans ma famille, c'était sale. En vouloir, c'était minable puisqu'en avoir allait de soi. On était arrivé, fini le dur labeur c'était le temps de la lecture, d'un travail intellectuel qui rapportait dignement, ni trop ni pas assez, c'était le temps de regarder le jardin dans un chandail en cachemire et d'être bon avec les autres, dans le cocon doux du foyer, des amis choisis, on était polis, on avait bien travaillé. Enfant, chez mes grands-parents, on se nourrissait en sonnant une clochette, la grammaire était respectée, on lisait Proust sur le canapé au sortir de la sieste, avant de monter dans une voiture qui sentait bon le cuir, en route vers la grande plage, tente 35 louée tout le mois d'août.

Au journal aussi, j'étais loin du fric. Non pas parce que j'en gagnais, non, ça n'est pas un métier qui rapporte, journaliste, mais parce que je me devais de ne pas écouter ses pseudo-exigences pour garder des yeux étonnés. Sans quoi comment s'offusquer ? Parfois, de voyages de presse en cocktails ministériels, voleuse de rumeurs et de petits-fours, j'en oubliais presque que je n'avais pas de quoi me payer le ticket de métro pour rentrer chez moi.

Mais c'est fini. Si j'obtiens mon diplôme, j'aurai le droit d'acheter une terre agricole, ça coûte cher et le salaire moyen d'un agriculteur, aujourd'hui, c'est 1 200 euros par mois, et encore, en moyenne, un tiers ne touche pas plus de 350 euros. J'ai froid d'un coup, rabats ma serviette sur mes jambes.

Il va falloir compter, évaluer.

Je repense à mes camarades de classe au lycée agricole de Lisieux. Leur air sérieux, leurs inquiétudes. Je les comprends mieux. À Lisieux, à huit heures, maintenant que l'automne est tombé, quand on arrive il fait encore nuit ou ça y ressemble tellement il pleut. Ça n'a pas d'importance. Je retrouve Louis, un jeune homme blond, la voix claire comme un ruisseau de montagne, les cheveux en l'air à la Tintin, un garçon frais comme une rose, qui a quitté la politique parce que, m'avait-il dit : « Je veux faire quelque chose de concret ! » Il s'était repris : « Enfin, tu comprends, donner à mes enfants un bel héritage, dont je serais vraiment fier. » Louis travaille quinze heures par jour, entre les champs et les cours. Je pense à son courage. À celui de Francis qui, si son élevage de chèvres ne marche pas, redeviendra ambulancier en banlieue parisienne.

Et moi, à la piscine avec ma frousse…

— Alors, ça bosse dur ?

Il m'a retrouvée.

— Désolé, ça a duré longtemps, glisse-t-il en m'embrassant l'épaule. Tu t'es baignée ?

— Oui. Pourquoi si long ? C'était rude ?

— C'était atroce. Ça te dit qu'on aille déjeuner ? J'ai une surprise… Il se frotte les mains comme un enfant, je le sens qui gigote au-dedans.

— Oh !… Oui bien sûr, avec joie ! Mais pourquoi, « atroce » ?

— C'est comme ça, c'est des rapports de force, de pouvoir, il y a beaucoup d'argent en jeu… chacun fait le coq. Mais bon… – il se penche vers moi, pose un autre baiser sur ma cuisse – on y va ?

Djoux fait déjà des bonds derrière la porte de la chambre, saute sur ses deux pattes arrière, zigzague dans l'air en nous regardant, la gorge pleine de cris de joie qui ne savent plus comment sortir, oh c'est trop de bonheur, on tombe tous les trois sur le lit.

Tandis que je me change dans une salle de bains de prince saoudien, je le regarde à son insu dans le reflet de la baie vitrée. L'homme que j'aime. Les yeux rivés sur son téléphone. Le pouce et l'index toujours prêts à tirer, à « shooter » un mail, comme ils disent, toujours sur le qui-vive. Je comprends qu'on « en veuille », qu'on désire réussir selon les critères en usage, je l'admire d'avoir les yeux brillants, d'oser, d'y parvenir. Mais je ne comprends pas sa lutte. Ce n'est pas vrai que les hommes ne s'engagent plus, non, les hommes s'engagent, de tout leur épuisement de toute leur cervelle ils y laissent leur santé, simplement, on dirait qu'ils sont lancés là tout seul, sans savoir pourquoi. C'est une armée en campagne, mais éparpillée. Je rêve qu'un jour il mettra son intelligence son talent cette façon de croire en lui qui m'est étrangère, au service de l'environnement. Encore ce matin, le GIEC parle d'urgence absolue, de menaces pour nos structures fondamentales, « dans deux ans on ne maîtrisera plus rien au chaos climatique ». J'essaie de l'intéresser :

— Deux ans ! Tu te rends compte ? Dans deux ans on aura dépassé le seuil au-delà duquel on ne contrôle plus les effets de l'écocide, tu comprends ?

— Hum hum…

Il garde les yeux rivés sur son téléphone, fait défiler un mail.

— Mais mon amour, j'ai l'impression d'être en 1932 à Berlin, de dire viens, partons vite à New York, mais que toi tu n'entends pas, ou, je ne sais pas, je suis à Hiroshima, en plein mois d'août et…

J'arrête, je suis ridicule. De toute façon, il n'entend pas. Je préfère aller vers l'espoir, je m'emballe :

— Tu sais j'ai eu une super idée tout à l'heure, ça m'est venu en nageant !

— Ah oui ?

Il maugrée ce oui vague, tapote encore sur son téléphone.

— Oui ! Je vais monter une ferme pédagogique ! Pour montrer aux gens concrètement…

— Ah oui ? Il a tourné son visage vers la salle de bains, sourit : C'est une super idée ! Et j'y ai pensé aussi figure-toi…

— Sérieusement ?

— Oui !

Il quitte son téléphone, entre dans la salle de bains, me prend la main, cérémonieux :

— Quoi ? Vas-y, dis !

— Eh bien j'ai réfléchi, je sais c'est brusque mais on s'aime et je vois bien que tu es un peu dans la… enfin voilà, j'ai réfléchi : et si j'achetais une maison ici ? Et tu y vivrais ? Tu pourrais y faire ton potager ? Moi je viendrais te rejoindre les week-ends !

Je reste interdite.

— Ça marche bien pour moi en ce moment, je ne veux pas faire n'importe quoi, j'ai envie d'investir et c'est avec toi que j'ai envie de le faire.

Je voudrais sourire, je reste statue, balbutie sur le ton le plus neutre possible :

— Mais… quel est le rapport avec ma ferme pédagogique ?

— Regarde, tu t'installes ici, tu peux faire un petit potager, et vendre tes produits sur le marché ! Comme ça tu commences ! Tu seras bien. Bon, il n'y a pas la place pour une vache et des chèvres, on est d'accord, pas trop pour accueillir des gens, mais c'est un bon début, non ? Tu n'as pas l'air contente ?

Je crois faire oui de la tête, mais je m'arrête en plein milieu, lève les sourcils, écarquille les yeux et recommence à opiner imperceptiblement du chef.

— Tu ne trouves pas que j'ai eu une super idée ?

— Je ne sais pas.

— Quand tu dis que tu ne sais pas c'est que tu n'es pas contente !

— Mais c'est super pour toi. Ou pour les vacances mais moi, ce n'est pas, enfin voilà, je suis désolée c'est adorable de ta part, adorable vraiment merci mais ce n'est pas du tout mais alors pas du tout mon idée.

— Mais t'as pas un sou ! Tu n'y connais rien en agriculture ! Tu n'as plus de boulot ! Alors moi je suis là pour toi, et je pense que tu devrais t'entraîner ici. Tu verras, après, si ça marche. Il faut commencer petit ! Les autres connaissent le système ! Tu ne te rends pas compte, toi ! Tu fais l'enfant !

— Je ne fais pas l'enfant. C'est toi, là, qui m'infantilise. Je te remercie mais je répète : ce n'est pas du tout mais alors pas du tout ce que je veux.

Il me fixe, dur. J'effleure sa main, il la retire.

— Je voulais t'aider. Je pensais que ça te ferait plaisir.

— Mais m'aider c'est y croire, mon amour ! Je te parle de la planète qui crève, de la famine, de la disparition d'un quart des animaux, pardon, un quart des mammifères sont en voie de disparition ! C'est ça, la réalité ! – j'essaie de garder mon calme, me reprends quand ça monte, ne pas en plus me faire taxer d'hystérique. Je veux devenir agricultrice, moi, pour protéger une terre, tu comprends, pas pour être en vacances... Je veux protéger un bout de terre, y remettre des vers de terre des oiseaux des haies des abeilles et même la laisser en friche s'il le faut, sans pesticide sans pollution...

Il ne répond pas, me regarde comme si j'étais folle.

— Mais tu crois que je suis dingue ?

— Non, non et je trouve ça bien, c'est vrai, c'est mignon mais...

— C'est mignon ? Mais depuis quand c'est mignon, la mort d'un quart des animaux ?

— Tu es dans le fantasme je pense, mais bon, c'est pas grave.

— Non, je suis dans la difficulté. C'est toi qui es dans le fantasme, de croire que ce sont des chiffres, comme ça, en l'air.

— Mais... Tu as toujours plein de bonnes idées, mais tu t'emballes trop vite ! Pardon si je t'ai vexée. Je veux t'aider, moi. C'est tout.

— Je sais.

Nous quittons la chambre, le regard baissé, passons la porte large pour dix, il serre ma main dans la sienne... murmure soudain, ému, le regard voilé : « Bon, je te préviens, je voulais nous faire plaisir alors j'ai loué une voiture un peu spéciale mais là je ne suis plus sûr vu dans quel état d'esprit tu es... Enfin bon, moi je l'adore ! »

Et alors que nous arrivons à l'entrée de l'hôtel, je vois garée devant nous une voiture de sport au rouge éclatant.

— Surprise !

Il me regarde comme un môme, se frotte les mains, les yeux écarquillés d'excitation. Le voiturier nous donne les clés tout sourire. Lui continue :

— Elle est dingue non ? J'ai demandé à l'essayer, je crois que je vais l'acheter !

Sa voix qui grimpe, qui n'en revient pas elle-même d'être si haut, ses pieds s'agitent, pour un peu il danserait, j'imagine qu'il faut dire quelque chose comme « elle est dingue » ! Je reste figée.

— Ben tu dis rien ? Quand même ! Tu ne trouves pas qu'elle est dingue ? Tu vas voir le bruit que fait le moteur, c'est fou !

Je m'approche de la portière droite. C'est bas. J'essaie de monter, ou plutôt de descendre dans cette voiture, je m'écroule, tombe assise les genoux à hauteur d'yeux, le moteur derrière moi comme une grosse bête, qui me regarde de derrière sa vitre, j'attache ma ceinture. Il monte.

— Alors… comment ça marche ?

Il tourne la clef. Un bruit de fusée spatiale nous explose dans les oreilles.

— Ouh là !

Sa tête d'enfant qui s'est fait peur, heureux et terrifié à la fois. Il me crie pour que je l'entende :

— J'ai peur !

Se reprend :

— Bon, allons-y… tout le monde nous regarde…

On avance, par à-coups affolés et maladroits, en pointillé, entre les cyprès de la grande allée qui mène à l'hôtel, laissant dans notre sillage une odeur et un bruit de réacteur, il crie :

— Je mettrais bien la radio mais on l'entendrait pas !

— Suis d'accord !

— Oh là là ! Il n'y a que des angles morts partout je ne vois rien ! T'as vu comme elle est large ? Je ne sais pas ce que je fais !

Les gens nous regardent. Trois millions d'animaux meurent chaque jour en France dans des souffrances abominables, trois millions ! La planète se réchauffe et moi je suis une pouffe. Emportée sur un grand huit, avec un bruit à vous péter les oreilles et des couleurs criardes, à la fête à Neuneu.

Pourquoi ai-je honte ? Est-ce parce que je me sens descendre, petite bourgeoise qui devient paysanne, que je joue les fières et trouve cette voiture ridicule ? Non, je ne crois pas. En remontant de la piscine tout à l'heure, j'ai ouvert une porte – je cherchais des toilettes qui ne seraient pas dans la chambre, c'est toujours merveilleux les toilettes des grands hôtels, enfant, ma mère m'emmenait faire pipi au Crillon, quelle joie ! Entre deux musées, deux courses, elle voulait qu'on connaisse Paris, un petit thé, un petit gâteau, et hop, un soulagement de marbre rose – j'ai ouvert une porte, et suis tombée sur un couloir rempli de plateaux de petits-déjeuners abandonnés, de serviettes de bain, de peignoirs sales, de sacs-poubelle. Ce n'est pas que j'ai honte de descendre, peur de me déclasser, non, j'ai honte de ce que je laisse derrière moi. Je ne veux plus avancer en barbare.

C'est vrai qu'elle est belle, cette voiture. Et c'est vrai que je l'aime, lui, ses maladresses, ses drôles d'ivresses. Je suis sûre qu'il s'en fiche de cette voiture, il cherche quelque chose pour se rassurer se dire un jour « j'aurai bien profité », et il y a ça, comme queue de Mickey : ce gros jouet. Il en a cherché d'autres. Il en cherchera encore. Et moi aussi, je cherche un sens.

Je crois que nous avons tous deux la même impression d'être bancals. Nous avons peur de nous tromper, de passer à côté. Notre fraternité est un mal-être. C'est comme si nous étions au bord de nous-mêmes, de ce que l'on espère pouvoir donner de meilleur, comme une aiguille qui s'apprête à indiquer l'heure… mais, je me demande, au bout du compte, va-t-on marquer la même ?

Il y a des embouteillages à l'entrée de Saint-Tropez. Nous avançons à trente à l'heure à bord de notre dragon vrombissant, un truc en colère, furieux, hystérique. Lui me parle du moteur, des sièges, de choses que je ne comprends pas, « t'entends ce bruit ? ».

Je me demande comment s'aimer, avec des joies étrangères. Le moindre dos d'âne me casse une vertèbre, je suis au bord d'appeler mon ostéopathe, tout mon estomac s'est rétréci, cherche refuge quelque part dans mon ventre.

— Ça ne te dit pas qu'on rentre à Paris avec ? Tu n'arrêtes pas de dire que tu voudrais qu'on fasse un *road trip* !

— Oui, mais en Italie, ou dans le Massif central, en s'arrêtant, pas en roulant à 200 sur l'autoroute. Non, non, ça non, pas dans une voiture comme ça…

— À 200 ! N'importe quoi ! Ah là là, t'es ch… Je conduirais lentement tu sais. Je te rappelle que j'ai une fille, je tiens à la vie, je suis responsable. À l'aller on a pris le train pour te faire plaisir, j'ai envie de me faire plaisir moi aussi !

— Mais oui mais, enfin, ce n'est pas toi, cette voiture !

— Si. Si, c'est moi.

Soudain ce ton sentencieux.

— Je l'adore. Ça va. Je ne vais pas m'excuser de gagner de l'argent !

Sa voix qui porte. Plus on ment plus on parle fort. Je tremble un peu au-dedans, juste un peu, du bout du cœur. Il me sourit soudain, me prend la main :

— T'es ch… mais je t'aime.

Des gens nous prennent en photo : « Wouah la caisse, la classe ! », je baisse les yeux, on tape sur le capot en levant le pouce. Il dit « merci », se planque en faisant mine de fouiller dans la boîte à gants…

On avance à peine, dans les embouteillages, les ruelles, on cherche une rue sur le GPS, il se trompe, on s'agace…

Je voudrais être à Lisieux. À Lisieux, il y a aussi cette basilique en béton, immense, presque une honte, qui vous écrase à peine on est sorti du train. Sur le fronton il est écrit : « Celui qui s'abaisse sera exalté » ; pas du tout ma philosophie, mais c'est là, effleurée un instant par l'ombre du passé, que je suis allée voir un prêtre. L'envie de me confesser. Un truc de gosse. Enfant, la seule fois où j'étais entrée dans un confessionnal, j'en étais ressortie légère, toute neuve, oh le bonheur toute neuve, et papillon. Pas cette fois-là. Le prêtre m'a accueillie dans son bureau en verre fumé, j'ai raconté ma vie, mes doutes, mes inquiétudes. J'ai avoué que la phrase « celui qui s'abaisse sera exalté », le sacrifice, la soumission, ce n'était pas du tout mon truc. Et ce vieux curé aux lunettes cassées, une branche de ses montures fixée par un sparadrap, m'avait souri : « Vous savez, on a tous un chemin différent. À chacun son appel ! Regardez sainte Thérèse de Lisieux, elle est très différente de sainte Thérèse d'Avila, qui elle-même n'était pas mère Teresa, vous comprenez ? Trois prénoms presque identiques, trois appels. À chacun le sien. Il faut suivre sa voie, pas celle des autres. »

Et je m'étais promis de ne plus commettre ce péché envers moi-même : ne pas entendre l'appel de mon corps. L'appel de mes poumons qui ne respirent plus. De mes pieds.

J'ai envie de descendre.

Je me réveille alors que nous longeons des champs, des maisons roses, des plages qui jouent à cache-cache avec les roseaux, « Brigitte Bardot habite juste là ! Tu pourrais lui parler de protection animale si tu vivais ici… » Les routes sont jolies, le ciel bleu, je caresse sa main, la prend dans la mienne, l'embrasse, nous arrivons enfin devant une barrière.

— Les tables sont dans le sable, tu vas voir, c'est très beau.

J'ai le ventre qui s'entortille, qui veut partir ailleurs où ça respire mais je ne respire plus, je le regarde, il ne dit rien vraiment je le sais, il est blessé, il me l'a dit déjà – « C'est ennuyeux quand même, ton envie d'agriculture, ça t'éloigne » – j'en ai la main qui tremble un peu, j'essaie de caresser le chien à mes pieds, je ne peux pas : il faudrait se contorsionner, je regarde dehors et je voudrais descendre, descendre et être ailleurs, ailleurs et respirer, mais il est là et zut alors je l'aime.

Nous passons devant la porte du restaurant et nous ne nous disons plus rien, tous deux coincés dans l'heure d'avant, sa colère triste, dans son ombre et j'ai froid. Dans une minute, deux, on sera garés, on sortira de la voiture, il faudra faire semblant d'être heureux, avaler des plats en riant devant nos amis et chacun de nos rires sonnera faux ou pire, comme un « ça va tu sais, au fond, je m'en fiche ».

Pour entrer dans le parking, il faut passer d'abord sur un dos-d'âne.

On est trop bas.

Ça frotte.

Je le vois qui blêmis.

— Ah non, non, non ça c'est pas possible…

— Peut-être en reculant doucement ?

Ça doit durer cinq minutes mais c'est plus lourd que des heures. Il essaie de reculer, d'avancer, ça frotte, ça frotte je le vois pâlir. J'essaie entre deux grondements de moteur :

— Je sais que ça partait d'un très bon sentiment, tout à l'heure…

Il se tait.

— Mais j'aimerais que tu me comprennes.

Ça, je dois le crier.

— J'aimerais que tu me comprennes parce que c'est capital pour moi, ce projet.

Enfin nous passons. Je le vois chercher maintenant une place où se garer, faire trois fois le tour du parking pour trouver un endroit stratégique, ne surtout pas rayer cette chose. Enfin, le moteur se tait. Il se tourne vers moi et, la voix basse :

— Écoute, je suis très amoureux mais ça ne suffit pas. Je n'ai pas vingt ans, j'ai un enfant, je pourrais en vouloir un autre avec toi, je ne veux pas me planter, j'ai envie d'être sûr. Tu comprends ?

Les éclats dorés de ses yeux, la courbure de son front, les ailes de son nez, le dessin de sa barbe courte, les boucles de cheveux doux qui grisonnent sur ses tempes. C'est drôle, un visage. Au fond on ne voit jamais ceux que l'on aime. On regarde ceux qui, nouveaux venus dans notre paysage, nous intriguent, ceux qui, enfants, vont changer, animaux, vont mourir avant nous, amants, vont s'évaporer de nos vies, on observe pour se souvenir.

— Oui, moi aussi. Mais, mais tu vois bien que là où nous avons été le plus heureux aujourd'hui, par exemple, ce n'était pas dans cette voiture c'était ce matin, à pied, sur le chemin des douaniers, et hier soir, hier soir tu te souviens du type tout seul, dans son petit bateau, le ciel était rose, c'était magnifique et toi-même tu l'enviais. Voilà, moi, j'ai envie de ça, de ce luxe-là de vivre dans peu, d'être libre, détachée, libérée de ce système imbécile, de me dire que ma vie n'abîme pas…

— Oui mais ce n'est pas la vie que j'ai choisie, moi. J'ai beaucoup de stress et j'ai envie de me faire plaisir, tu comprends, de nous faire plaisir.

— Mais oui, mais, se faire plaisir, c'est super, mais ça ne suffit pas tu comprends ? Moi j'ai envie d'être utile, de me dire que je peux faire du bien. Moi c'est ça qui me fait plaisir, et même, non, ça ne me fait pas plaisir, ça me donne de la joie. La joie, comme hier soir, comme ce matin, c'est mille fois mieux, non ?

— Ce n'est pas le problème. Le problème, c'est que ça ne marche pas comme ça. Laisse-moi t'aider.

— Mais tu ne m'aides pas, tu me rapetisses en me parlant comme ça !

— Bon, ben sympa, si je te rapetisse…
— Pardon.
— Je t'aime et j'essaie de t'aider. Voilà.
— Mais pas en me disant que le monde est nul, coincé, qu'on ne changera rien, que je n'y connais rien et que je n'y arriverai jamais !

On reste là, quelques secondes, en silence, il pose sa main sur l'ouverture de la portière. Il faut que je l'arrête :
— Attends. En fait, c'est juste que… La situation est trop grave, c'est trop grave et si je n'arrive pas à t'en convaincre toi ça me tue !
— J'entends. Et je veux bien être gentil, mais tu te fais des films, personne ne change de vie comme ça, personne ne part, comme ça…
— Ah bon ? Parce que… ?
— Ne fais pas l'enfant !
— Ne fais pas l'enfant ? Mais tu vas arrêter de me dire ça, regarde-moi cette voiture ! C'est pas un gros jouet, ça ?
— Ben bien sûr, c'est moi qui ai un problème !
— Pardon ?
— Mets-toi à ma place : je suis sorti avec une journaliste du plus grand magazine féminin de France, et je me retrouve avec une fermière. OK, j'accepte… je joue le jeu… mais ne me demande pas d'adhérer. On est différents, mais moi j'ai construit quelque chose, ça marche, j'ai bien le droit d'en profiter. C'est sympa les petits oiseaux…

— Les petits oiseaux ? Mais s'il n'y en a plus, de petits oiseaux comme tu dis, toi non plus tu n'existeras plus !

— Calme-toi.

— Ne me dis pas de me calmer ! J'en dors plus la nuit tellement je me dis que toute ma vie provoque des carnages et toi, toi… La misère, la misère, je ne sais plus qui a dit ça mais c'est très vrai et je m'en rends compte plus que jamais, la misère c'est de ne pas pouvoir raconter son malheur à quelqu'un.

Je suis allée trop loin. Je me connais, je vais toujours trop loin. Comme avec mon idée de ferme ? Il a raison ? Je n'irai nulle part ? Je monte sur mes grands chevaux et m'arrête au milieu du gué ? Il a l'air dépité, me sourit comme on sourit quand on quitte quelqu'un, avec une tendresse lasse, une tristesse comme un dégoût, un truc qu'on a mangé qu'on n'aime pas mais on veut être poli avec la maîtresse de maison. Il reprend :

— Bon. Ça y est ? Ça va ? Je peux parler ? Tu ne crois pas que tu en fais un peu trop ?

— Non, malheureusement, non. Je crois que c'est le contraire : je n'en fais pas du tout assez. Et depuis trop longtemps.

— Mais, mon amour, évidemment qu'on est différents, et si tu veux vivre à la campagne, je viendrai te voir, je t'aime, mais, que fais-tu de moi ? Moi je suis dans le système, tu comprends ? Il me va, à moi, il me réussit.

— Oui. Mais j'aimerais que tu sois comme moi.

— Que je pense comme toi…
— Moui.
— Eh ben t'es qu'un tyran !

Il dit cela avec un vrai sourire dans la voix, sort de la voiture, je le suis. Mais je ne peux plus avancer. Il se retourne.

— Allez, on arrête ? On peut y aller maintenant ?

— Non, j'insiste, je veux être sûre que tu comprennes. Cette histoire de petits oiseaux, là.

— Alors, écoute-moi, je répète – le voilà qui se met à articuler comme un professeur agacé – : c'est sympa les petits oiseaux mais moi j'ai beaucoup, beaucoup de stress et si je veux me faire couler des bains…

— Et les générations futures ?

— Vu comment c'est parti entre nous tu n'as pas franchement à t'en préoccuper tout de suite.

— Charmant.

— Faut savoir ce qu'on veut dans la vie. Allez, on y va !

— Je sais ce que je veux. Et avoir un enfant ça m'est égal.

— Tant mieux ! Tu me saoules.

— Je te saoule ?

— Tu me saoules.

Je déteste quand je fais cette tête et je sais que je la fais. Une tête grave et laide de quand j'ai très peur, quand la situation est catastrophique, avec un petit rictus parce qu'en même temps je sais faire semblant que je m'en fiche. Et qu'au fond, je m'en fiche : un peu de moi exulte, même, ah, du drame, ah, l'ivresse des chagrins ! Bientôt une page blanche ! Oui, un bout de moi veut l'envoyer paître, lui, la voiture, l'argent, le pouvoir, sa présence me saoule, son corps, la pesanteur de son corps, c'est lourd, tellement lourd, un homme, un autre, ses soucis ses désirs qu'il faut écouter combler apaiser et enrayer la solitude et tenter de ne pas disparaître à côté.

Je me recompose un visage, recommence :

— Tu me dis que je te saoule ? On ne peut pas se parler comme ça… Je ne peux pas aller déjeuner, faire semblant que tout va bien et…

— Alors ne viens pas.

— OK. Je ne viens pas.

— Tu ne viens pas ?

— Non. Je ne viens pas.

Il s'en va sans se retourner, traînant Djoux par la laisse, elle qui me regarde, se retourne encore, encore, couine et le suit.

Et me voici toute seule, au beau milieu de l'amer.

J'appelle un taxi. Je tremble. Ma voix tremble. Je rentre à l'hôtel. Mon cœur palpite, s'arrête, reprend, fait n'importe quoi, mes mains se dérobent. Je garde les mâchoires serrées je respire comme je peux par à-coups, de grands coups secs, violents. Je rentre dans la chambre, Djoux me manque, je vois ses jouets, en prends un, un petit dragon orange et jaune qui fait pouic, je le colle à mes narines, hier encore, hier, l'odeur du chien qui s'endort contre moi, la nuit bleue par la fenêtre, j'ai froid, je grelotte, je claque des dents, pleure un peu brusquement, mais juste un peu, comme ça s'échappe, comme une toux, je masque ça dans la vitesse, fais ma valise, claque la porte.

Le taxi m'attend dehors. Me conduit dans un hôtel minable. Minable pas cher pile pour mon budget et j'ai envie de pleurer : c'est laid. Le dessus-de-lit marronnasse la moquette qui sent mauvais la salle de bains lugubre évidemment que je m'en vais, tant pis si je suis en rouge c'est un cas de force majeure je sors de là comme saoule, j'avance dans la foule comme folle, je suis folle j'ai refusé le bonheur, quelque chose que tout le monde appelle comme ça, il me manque déjà, sa voix me manque, bon sang comme sa voix me manque, la voix c'est toujours ça qui disparaît en premier, j'essaie d'entendre mon père, parfois, c'est encore là mais j'ai peur que ça s'effrite dans ma mémoire, que ça s'effondre, la voix de ma grand-mère je l'ai encore mais j'ai presque perdu celle de mon grand-père, j'avance dans la foule j'appelle je trouve un autre hôtel, très beau, non je ne veux pas rentrer à Paris, je veux qu'il puisse me chercher, me trouver, je ne veux pas rentrer chez moi seule avec mon chat retrouver ma solitude je ne peux pas rentrer chez moi entourée de vide me dire : j'ai tout perdu.

Je me suis raconté des histoires. Je n'arriverai à rien.

Dans ma nouvelle chambre, il n'y a aucun bruit. Personne.

Il n'appelle pas.

Je regarde ma petite valise. Ce que l'on retrouverait de moi si je disparaissais. Je me souviens, à la mort de mon père, chaque objet la moindre assiette un cendrier une lampe de chevet un caillou était l'objet d'une minute de silence, mes frères et sœurs et moi, redevenus fragiles comme des nouveau-nés, avec plein de larmes muettes comme des gens très vieux – qui le veut, qui l'aime le plus ? – et chacun de nous avait sa part, qui les fossiles, qui l'argenterie, qui ce tapis persan. Au moment du déménagement, quand le « service des encombrants » de la Mairie de Paris avait tardé à venir, voir le tas d'affaires de mon père par terre sur le trottoir. Par terre. Un tas.

Et soudain je tombe à genoux. Je suis pliée en deux : des hurlements muets me tordent la bouche, les mains, j'éclate en sanglots, par terre, à genoux par terre j'éclate en sanglots.

J'appelle mes parents. Comme une enfant perdue, sans bruits, sans mots, je ne sais pas pourquoi j'appelle mes parents.

La nuit tombe et je suis toujours là. Je n'ai pas mangé. Il ne m'a pas appelée.

Pourquoi choisir une voie doit-il vous couper des autres ?

Il va revenir, « mon homme », avec des yeux tout pleins de bonheur et de ces bonds qu'il fait en cachette, un tic qu'il a quand il croit que je ne le vois pas, quand il est heureux. Il faut qu'il revienne.

Il va revenir mais il s'en fiche qu'en Chine, en Inde, il y ait des mois entiers où l'air est si pollué qu'on ne voit pas le trottoir d'en face, que dans certaines provinces là-bas on n'ait jamais vu le ciel bleu, une rivière claire, qu'en Argentine, troisième exportateur de soja, le taux de cancer ait été multiplié par dix en dix ans à cause du glyphosate, que la sixième extinction soit en route et qu'on sera peut-être dedans… Il refuse de s'en soucier.

Il n'appelle pas.

Je me fais couler un bain.

Je ne sais pas où je vais mais j'y vais toute seule.

Avec l'ombre de mon père qui a été bien seul parfois.

Avec l'angoisse de ça.

Je me mets toute nue et je pleure, me glisse dans le bain, pleure.

Le train

Il y a des bananiers, des pamplemousses, des ruisseaux d'eau claire où l'on se baigne tout nu et sans souci, dans *Paul et Virginie*. Je n'oublierai jamais ce livre ni le drôle de nom de Bernardin de Saint-Pierre, parce qu'il m'a fait rêver. Il fait soleil lorsque j'y pense, il fait soleil l'herbe est douce la nature est offerte on y plonge son nez comme dans le calice des fleurs l'air est tendre sur les joues oh comme c'est beau par ici allons-y, veux-tu ? Oui !

Moi, c'est le froid qui me réveille. Et ce reste d'instinct qui bat le rappel entre mes oreilles une minute avant le réveil. Allez hop ! Aux champs ! Je me tourne vers mon téléphone, mon bras me fait mal, je prends soin de me rouler sur le côté pour ne pas me coincer un nerf dans le dos… Retiens une envie de pleurer.

Je devrais être contente. Brigitte, la propriétaire des lieux, m'a accueillie du mieux qu'elle a pu. C'est une amie d'enfance de ma mère. Comme elle, une femme libre, forte, joyeuse. Qui a divorcé deux fois. D'abord d'un Américain bouddhiste qui a repris avec elle cette vieille propriété bordelaise où les vignes ne donnent pas grand-chose, puis d'une espèce de poète allemand, fan de tai chi, évanoui un été derrière la muraille de Chine. Elle vit seule dans ce trésor qui s'effrite sur sa tête, avec son argenterie et ses robes en tissus indien qu'elle coud elle-même, « parce que le prêt-à-porter quelle tristesse ! Personne n'est fichu pareil ! » Une châtelaine sans le sou, avec son immense champ de carottes, asperges et autres où je travaille. Je travaille, je trime plutôt, aux ordres de Romain, un véritable agriculteur, lui, un gars du coin, « un jeune », le corps épais, l'œil vif, qui a accepté de s'occuper des terres en échange d'une part des récoltes. Ça fait quatre avec Jacqueline, la vieille femme de ménage.

« Une ferme pédagogique ! Mais chez moi ce serait l'endroit idéal ! » avait claironné Brigitte au téléphone. Elle m'a donné une chambre, au troisième et dernier étage, sous les toits. Une pièce où des meubles d'époque tombent en ruine ensemble, gentiment. Dans mon lit dont je jurerais qu'il accueille des corps depuis 1870, j'essaie chaque soir de trouver un bon trou dans le matelas, je m'y cale, m'empare d'un livre jauni qui sent bon, remonte les édredons. Quand j'éteins la lumière, c'est une nuit comme je n'en ai connu qu'en voyage. Et encore. Une nuit épaisse, une nuit comme une purée d'angoisses, et je ne sais plus vraiment ni quand elle finira ni quand elle a commencé, tellement les jours sont gris.

Mais tout ça, à la rigueur. Non, mon problème, c'est le froid. Je dors en chaussettes, en jogging, en pull, ce soir c'est décidé je vais garder aussi mon bonnet. J'ai tellement toujours froid. Je ne sais pas quand je vais me réchauffer. C'est le genre de demeure où même à l'intérieur, le temps est maussade. Où décembre s'est installé pour toujours, sur un canapé du salon, à la table de la cuisine, sur la lunette des toilettes

Où l'on n'espère même plus avoir chaud.

Cet été, peut-être ?

Aux récits de ma mère, j'imaginais un de ces châteaux bordelais avec pour crinoline des collines de vignes et pour perruque des couronnes de lierre qui descendent le long de la façade, non, ce n'est pas ça.

Parfois le soir je n'ai même pas le courage de descendre me réchauffer une soupe. Épuisée, j'enlève mon jean, mon pull en frissonnant, je sautille pour me réchauffer tandis que j'ôte, une seconde, mon t-shirt, en enfile un autre, Gribouille qui ne quitte pas le radiateur dès que la nuit est tombée me regarde, hésite, et, d'un bond rapide comme l'éclair, saute sur le lit et me rejoint sous les quatre couvertures et les deux édredons.

Enfin il faut bien se lever. Je sautille sur la pointe de mes pieds nus, effarés de sentir le parquet glacé.

Mes bras serrés l'un contre l'autre, je m'étreins jusqu'à la fenêtre, tire un rideau de velours bleu d'où tombent quelques mouches mortes pendant la nuit. Il pleut dans la brume.

J'ouvre grand, on entend comme un chant grave, un ruisseau triste : c'est le mauvais temps. Dans le jardin des arbres aux feuilles rousses grelottent, battus par un vent fort mêlé de pluie. Sur la pelouse, abritées par un buisson, deux poules intrépides avancent de leur pas hésitant et brusque, la tête en avant, arrière, en avant, arrière ce doit être épuisant, il me faudrait à moi des lunettes à double foyer. J'ai vieilli d'un coup ici, des cheveux gris faute de coiffeur, le dos qui blesse, l'humidité qui me rappelle que mon genou a jadis hébergé une broche en titane.

Sur ma droite, à quelques mètres du château, l'orangerie où se meurt mon ami Fantine. C'est comme ça que j'ai baptisé une poule d'un gris très pâle, au corps maigre, que ses congénères martyrisaient à coups de bec pour cause de différence d'espèce. Pour lui redonner foi, Brigitte l'a installée parmi les poussins, sur de la paille fraîche, sous une lampe chauffante, dans le grenier de l'orangerie. Chaque matin avant d'aller travailler, je lui rends visite, chaque soir aussi. Avec Gustave, le cochon, ma copine de solitude. J'essaie de l'égayer je lui fais des caresses lui murmure des mots tendres : « Tu verras, plus tard, quand je t'aurai transformé tout ça en une ferme pédagogique splendide, tu auras un poulailler tout neuf, clair, beau, je te trouverai une poule pareille à toi ! »

Je vais encore être en retard. Bon sang comme je voudrais rester au lit avec un café et des magazines. Non, je n'enfile pas deux pulls de plus sur le t-shirt dans lequel j'ai dormi – qui s'en soucierait ? –, non, rester digne, prendre une douche.

Elle est brûlante. Un mois que j'essaie de régler le robinet sans succès. Je m'y glisse par intermittence, en poussant des cris aigus, me savonne dans l'air froid, reviens, repars...

Pendant que je me douche, ma chambre se remplit d'air glacé. Gribouille s'enfonce sous les draps. Nous dormons l'un contre l'autre, parfois, il pose une patte royale sur ma joue en fermant les yeux. Quand il me regarde, mon beau chat noir, j'en ai les larmes aux yeux tellement je n'ai plus que lui. Rien que de le voir, ça me prend, même de dos.

Il faut dire que parfois, comme ça pour rien, je pleure. Parce que j'ai mis trop d'eau et pas assez de café dans ma tasse ou que j'ai un caillou dans ma chaussure et qu'il me reste douze plants d'asperges à inspecter. Parce que, sous le coup d'une tristesse qui me tombe dessus comme un obus, je m'assieds par terre au beau milieu du champ de carottes, pile dans un peu de boue. Parce que me revient Djoux que je voudrais voir courir partout ici avec lui, lui qui est partout maintenant qu'il a disparu. Il se répand, il se déifie. Des semaines sans entendre sa voix.

Je cherche des chaussettes épaisses dans un tiroir qui coince, allume une sublime lampe ronde, vert céladon, en porcelaine de Limoges sans doute, mais qui n'a plus d'abat-jour et dont l'interrupteur m'électrocute une fois sur deux. Pas ce matin. Dans le lit encore chaud Gribouille s'est lové sur mon oreiller, je le regarde comme on pose les yeux sur la photo, d'un temps où l'on était heureux : tu te souviens, quand on restait toute la journée à lire et à écrire au chaud, chez nous, à Paris sous le plaid écossais ? Eh ben c'est fini.

Je me traîne, j'ai encore mal dormi. Je m'endors comme une souche mais, vers les deux heures du matin, pour un grincement de parquet j'ouvre brusquement les yeux. Il m'arrive de rester des nuits entières éveillée, l'œil sec, le cœur au bord des oreilles. La main sur mon portable qui ne capte pas.

Mais qu'est-ce qui m'a pris de venir m'installer ici ?

Dehors le vent m'assaille, j'enfonce mon bonnet sur mes oreilles, rabats ma capuche par-dessus, j'entends moins, ça m'angoisse, je ne vois rien non plus avec ce brouillard, il n'y a personne à des kilomètres, je le sais, je l'ai vu sur Google Map, et si quelqu'un surgissait, un dingue ?, mais non, c'est le vent qui fait craquer les branches chuinter les feuilles, quand je pense que des millions de gens ont dû marcher, comme ça, dans la nuit dans le froid sans réverbère, ils continuent un peu partout sur terre et moi, pour un rien, je tremble.

Le vent s'agrippe à mes jambes, mes bras, mon cou, j'accélère le pas vers l'orangerie, on dirait que la tempête me dit quelque chose qu'elle me hèle je n'entends rien que mon pouls dans ma nuque, mon souffle court dans mon écharpe remontée sur mon nez.

Enfin à l'abri derrière une des portes vitrées de l'orangerie, se dessinent devant moi comme des tableaux japonais : noir sur blanc le brouillard et ces branches d'arbres qui semblent lézarder l'horizon blême, parler d'un autre monde derrière le paravent. Ou bien, on dirait que ce sont des soldats, des chevaliers, droits, seuls, dans l'air glacé, ils montent la garde, de quoi ?

Je me faufile entre les machines à laver vétustes et autres armoires branlantes que Brigitte garde « au cas où », et grimpe à une échelle de bois sombre, tachée de peinture mais douce aux doigts, j'ouvre d'un coup sec la trappe du grenier, me hisse sur les planches qui grincent sous mon poids. Dans la pénombre, seule la lampe chauffante rougeoie sur la cage où piaillent les poussins. Je tâte sur ma droite, cherche la poutre sur laquelle on a fixé un gros interrupteur gris, voilà, une méchante lumière vibre au plafond dans les toiles d'araignée. J'approche : sur leur lit de paille, ils sont une dizaine, noirs, jaunes, blancs, gris, qui se collent qui se promènent et, juste à côté d'eux, ma Fantine qui ne bouge plus.

Je soulève la cage, l'attrape, elle ne dit rien. Pas un geste. Je la prends dans mes bras, m'assieds sur une vieille souche oubliée là, ouvre ma parka pour la serrer au chaud contre mon ventre ; elle ouvre un instant ses yeux noirs, comme pour me dire ah, c'est toi ? c'est gentil d'être venue il ne fallait pas, les referme aussitôt. Ça devient de gros yeux gris, clos, avec ces paupières qui se referment par en dessous.

Elle s'en va. Elle a décidé de quitter ce monde en cessant de manger. Son corps gris si doux avait encore de l'éclat hier, maintenant les plumes sont éteintes. Douces encore sous ma main, mais si frêles que j'en sens les tiges sous le duvet perdu, désordonné, je la caresse du bout des doigts pour ne pas la briser. Le petit corps bouge à peine et à regret, épuisé d'un rien, quand je change de main et qu'il doit tendre une patte toute maigre pour se remettre à son aise. Je la tiens blottie contre mon pull, allez, allez, je suis là. Je chante quelque chose, ça ne peut pas faire de mal, elle doit sentir que je l'aime, qu'il y a sur cette terre autre chose que des coups de bec. Ma petite poule grise attend la mort comme le loup de Vigny : « Et, sans daigner savoir comment il a péri, refermant ses grands yeux, meurt sans jeter un cri. » Avec autant de majesté. Patiente et silencieuse. Comme ces moustiques que je passe mes étés à sauver dans les piscines. Ils flottent à la surface, comme morts. Je les attrape entre mes paumes, les pose sur les dalles sèches et chaudes et hop, ça vous lisse ses ailes au grand galop ça vous repart se fourrer dans les herbes géantes. Mais devant la mort qui approche, rien. Ma poule grise meurt comme eux.

Mon Dieu ici j'ai mille ans. Me tombe sur la tête une tristesse ancienne, comme une vieille boue.

Ne pas pouvoir venir en aide à une petite poule qui pèse moins lourd qu'un œuf. Je la repose, referme mon manteau, rajuste mon bonnet qui s'était relevé en tire-bouchon sur mon crâne.

Ici, j'ai des têtes bizarres. Des accoutrements médiévaux. Bientôt il me manquera des dents. J'ai mal à une molaire mais le seul dentiste que j'aime habite Paris, à six cent deux kilomètres. À six heures de voiture. Une journée.

Une pelouse en bataille entoure le parc du château, noyée dans un brouillard épais. Au-delà, les jours clairs, on peut voir des vagues de collines monter les unes au-dessus des autres avec des bouquets d'arbres et des vignes. À gauche, une forêt épaisse dresse un rempart noir. À droite, une autre, toute petite, presque une farandole, des hêtres je crois, en conciliabule. Je dois traverser leur club pour rejoindre mon « bureau » du jour : un champ de carottes. Je remonte le long d'un sentier noir parsemé de touffes d'herbes. Le vent me rabat une mèche de cheveux sur les yeux, m'en fiche, j'enfonce mes poings gantés dans mes poches, je marche sans regarder devant, un pied, l'autre, un pied, l'autre.

Juste après les hêtres, je sais même si on la devine à peine qu'on aperçoit une autre ferme, dans le pli d'un vallon bordé de champs noirs. J'imagine une cour comme on en croise parfois dans les pays de faits divers, dans l'Yonne, le Nord – il y a des géographies de la désespérance –, deux tracteurs une voiture éventrée et des dizaines d'outils, du plastique des vieux pots, restes de machines agricoles, éparpillées dans une déchetterie à ciel fermé, gris froid. J'imagine aussi, derrière ces murs aveugles, un dingue, une aigreur, une folie méchante, une ignorance plate et dure comme une grosse pierre. C'est pas là que je vais me faire des nouveaux amis.

Bon sang ici aussi parfois, je déteste tout le monde. Hier matin je suis allée au café du village, pour faire un pas de plus. J'avais enfilé des bottes rouges, pour changer. Comme ils m'ont regardée, les uniques clients, trois hommes au comptoir. Parce que j'étais une étrangère. Parce que j'avais l'air de m'en moquer, de leurs regards, et que la liberté est toujours désirable.

Même que c'est peut-être ça qu'on s'imagine trouver dans une nouvelle voiture, un vêtement : l'impression qu'on choisit, qu'on échappe à son destin qu'on s'évade. Ça qu'on pense se prouver en s'acharnant sur une montagne, une forêt, un horizon. En voulant « posséder » une femme. Et moi, alors, avec mon envie de pleurer devant un arbre incendié, une banquise fondue, c'est peut-être, au-delà de l'indignation que je voudrais trouver du désir, de l'amour qui n'abîme pas.

Je voudrais réparer.

Et lui. Lui à qui j'essaie de ne pas penser, mais qui dans mes minutes songeuses revient tout le temps, m'attend sur le pas de la porte, envoie des fleurs, un message, m'appelle de la gare, oh c'est pas vrai c'est toi ?

Ben non, c'est pas lui.

Je me cogne à son absence, comme ça, au hasard des heures, je réalise que la douleur reste là, muette. Je repense aux mots de ma petite sœur : « Tu n'es pas obligée, aujourd'hui, d'avoir l'énergie qu'il te faudra pour toute ta vie, fais ce que tu peux pour un jour, pour une heure, pour une minute » ; c'est déjà pas mal. Et Katel qui m'encourage au téléphone : « Allons allons, c'est un métier difficile, mais tu peux y arriver même si tu te sens seule. La force n'empêche pas le chagrin, le chagrin n'empêche pas la force. »

Quand j'ouvre ma boîte mail, un seul message… Avant j'en avais cinquante, dont je ne savais que faire. C'est une invitation à un cocktail absurde. Depuis que j'ai quitté le journal, le monde m'a quittée, il s'est littéralement défait de moi, il s'en fiche que je l'observe ou non.

Parfois, quand mes amis improvisent des verres, quelqu'un pense à moi, m'envoie une photo, je la reçois mon cœur s'emballe je réponds mais c'est trop tard, ils sont déjà saouls et loin dans les rires ou bien chacun est rentré chez soi. Je suis de trop dans mon ancienne vie, comme un pull fané, un amant triste, maison de vacances dont on se souvient en souriant. Oh c'était sympa mais dis, si l'année prochaine on allait ailleurs ?

Houellebecq vient de se marier, ils sont allés au mariage j'entends déjà les anecdotes, je savoure comme un mendiant devant la vitre d'un grand restaurant. Viendront-ils un jour me voir ? Qu'est-ce qu'ils ficheraient ici ? Et ne serai-je pas malheureuse, moi, dans un an, dans ce petit patelin ? J'ai perdu ma vie. J'ai perdu l'idée que j'avais de moi je ne sais plus ce que j'en ai fait, où je l'ai mise, si même quelqu'un l'a vue elle traîne peut-être sur un boulevard à Paris sur une banquette du café Charlot.

Au bout du champ, Romain m'attend, debout, une brouette à ses côtés. Je sais qu'il m'a vue, il fait semblant que non, se penche sur la terre, fait de grands gestes du bras gauche, l'autre replié sur son oreille, il est au téléphone. Je marche plus vite.

Il est moins emmitouflé que moi, plus petit mais plus fort évidemment, je me poste à ses côtés, regarde au loin pour faire quelque chose, attends qu'il ait terminé sa conversation. Des boucles blondes dépassent de son bonnet, un bonnet qui tient en place, des gants sans trou.

Romain regarde toujours ailleurs. À peine un coup d'œil sur moi l'idée est faite il fronce les sourcils, tourne les épaules, passe un nouvel appel – « J'ai à faire. » N'empêche, il a vingt et un ans, les joues pleines encore d'enfance, la bouille enfarinée de terre, on le croirait sorti de *La Guerre de boutons*. L'autre jour je suis montée dans sa fourgonnette. Il y avait des balles de carabine. Romain chasse, avec ses deux épagneuls blancs tachetés de roux, dressés pour débusquer les proies.

Le lendemain de mon arrivée, il m'a fait visiter son pigeonnier. Depuis tout petit, il participe à des concours de pigeons voyageurs. On les regarde tournoyer au-dessus de sa maison, dessiner des volutes, descendre, remonter, jouer une musique. Il m'en montre un, resté à l'abri, le prend délicatement entre ses mains, du bout des doigts étend une aile – regarde-moi ce pelage, comme ça brille –, saisit le bec pour que l'oiseau s'ébroue – tu vois cette nervosité, comme il est vif, ça, c'est beau ! – puis, il m'explique comment ça marche, un pigeon voyageur : « On attend qu'il ait des petits parce qu'on a remarqué que quand ils viennent de donner naissance, ils ont plus hâte de revenir, ils sont prêts à risquer leur vie dans la tempête... Et alors, on les emmène dans une ville, parfois jusqu'à huit cents kilomètres de loin, et on voit combien de temps ça leur prend pour revenir. » Il dit cela fasciné, je réponds un sobre « ah bon ? » le plus court possible pour qu'il ne décèle pas dans ma voix à quel point ça me glace. Comme ça me glace qu'il ait aussi, au bout de ses champs, des canards en cage au bord d'un étang, des cages pas trop grandes « parce qu'il faut que les mâles aient un territoire assez étroit, qui les oblige à lutter, ça les fait chanter, c'est ça qui attire les autres oiseaux, quand ils viennent se reposer pendant leur migration ». Après ce tour du propriétaire, de son frigo, il a sorti un pâté de tête fait par sa grand-mère et m'en a proposé. Le regard qu'il m'a lancé quand j'ai dit non : « Non ? Tu dis non à ça ? Mais tu te rends pas compte ! Bah, je vais pas te forcer tu es une adulte, mais que tu dises non à ça, tu sais pas ce que tu loupes. » Ça le fait rire tout le déjeuner. Un après-midi que j'étais venue le chercher dans sa ferme, pour un souci avec le cochon, je l'ai trouvé devant Chasse & Pêche. Il ne regarde pas ça le soir pour rigoler après une nuit trop alcoolisée, lui, ça le passionne pour de vrai. Il reconnaît les fusils, mais aussi les arbres, les chants, il sait les odeurs. Il est différent de moi, et c'est justement ça qui me redonne foi en l'être humain. Parce qu'au fond nous voulons la même chose. Il n'est pas comme ses camarades, de ceux qui pour aller à la pêche prennent des filets plus fins que les tailles autorisées. « On dit que c'est pas bien, qu'on attrape les petits poissons mais qu'est ce que ça fait, c'est des couillonneries de Parisiens ces réglementations ! » Il sait que les sols se meurent, alors oui, il parle des heures des barbecues aux grives, mais il sait imiter le chant des rouges-queues et faire des kilomètres pour aller chercher du fumier de mouton plutôt que des engrais chimiques. On a besoin l'un de l'autre. Enfin, surtout moi de lui.

De la fumée s'échappe de sa bouche, il fronce les sourcils, dit « adio, adio », puis, se tournant vers moi :

— Dis donc, je te le dis tous les jours, il faudrait que tu commences à être à l'heure, la terre, ça n'attend pas. Tu n'es pas un mollusque !

Il dit cela d'une voix ferme, avec cette brusquerie des timides. Recevoir des ordres d'un type qui n'était pas né quand j'ai passé le bac. C'est aussi ça, repartir à zéro, devoir dire :

— Oui désolée mais je dois aussi m'occuper de la poule grise.

— Eh, tu dois t'occuper ! C'est toi qui le décides, de t'en occuper, elle, que tu sois là ou pas, je pense que ça lui fait ni chaud ni froid. Enfin bon, demain, essaie d'être là à huit heures quand même, pas huit heures et demie…

— Promis.

— Bon, je t'ai apporté une brouette, je te la laisse, commence au bout là-bas, on va faire comme hier…

Je n'aime pas l'autorité. Une seconde, je m'imagine prendre cette brouette, aller au bout du champ et continuer tout droit… jusqu'à la route, jusqu'à chez moi. J'ai encore mon appartement. Des habits jolis. Des bottes qui ne sont pas en caoutchouc. J'ai envie de lui crier : « Non mais tu sais à qui tu parles ? Tu sais que moi j'ai interviewé Hillary Clinton ? », comme si j'avais parlé de sujets capitaux avec Barack Obama.

Mais qu'est-ce que je fais là ? Qu'est-ce qui m'a pris ?

Je me penche, m'assieds mal, travaille lentement. J'ai froid. Je ne sais pas trop comment reconnaître les feuilles qu'il faut arracher. Mais j'apprends. Heureusement, il y a mes cours de maraîchage. J'ai un nouvel examen bientôt, je révise et ça me tient lieu de futur. J'apprends par exemple qu'il faut trois ans au minimum pour qu'une terre cultivée auparavant en « conventionnel », soit enfin sevrée et considérée comme bio. Que c'est un règlement européen qui décide de ce qu'on peut ou non utiliser dans l'agriculture biologique, et qu'il y a parmi ces produits nombre de substances bizarres, encore. J'apprends aussi le nom des plantes, de leurs différentes parties, pistil gynécée stigmates… que, contrairement aux animaux, la plante peut se reproduire toute seule, à partir d'un bout d'elle-même !

Je cherche des moyens mnémotechniques pour retenir les familles de légumes – on tombe dans les choux, ce sont donc des brassicacées puisqu'on risque de s'y casser un bras…

Il y a encore les cours de fertilisation des sols. C'est de la chimie et je suis hermétique aux équations bilans. Mais après trois soirs éprouvants, je suis fascinée. Qu'est-ce qu'un sol ? Je ne m'étais tout bonnement jamais posé la question. Je me retrouve sur un forum d'amis de la science, qui s'applaudissent et envoient des émôticons riant aux larmes pour une explication de l'ion calcium. Sous Gutemberg ou en CP, j'apprends à lire un nouveau langage, le monde ouvre ses portes, son ventre, ses entrailles, je m'engouffre. Suis bouleversée. L'univers est extraordinaire : dès la base, il y a comme une trinité, neutron proton électron, un bien un mal, deux courants électriques et l'on ne sait pas pourquoi. J'apprends que je suis éternelle je suis un assemblage qui sera peut-être plante un jour je vais errer dans le cosmos, j'en viens, je suis sœur des étoiles, je suis un morceau de soleil, là pour l'éternité.

Sauf que j'habite une vieille maison cernée de gris, où même l'herbe frissonne et que je passe des journées courbées. Après la terre, c'est sur des cageots de légumes, que Romain livre aux commerçants du coin. J'en porte des kilos dans mes bras fatigués. Il tente de m'égayer avec des musiques des années quatre-vingt à la radio – ça, c'est ton époque non ? – Moui. Je ne sais plus. Je pourrais tout aussi bien être en 1123, en 1515. Je remplis des cageots dans cet entrepôt qui appartient à son père, un hangar sans fenêtre qu'on ouvre en faisant glisser une large porte de métal sur ses rails.

Face à face devant une table sur tréteaux, près de la chambre froide où l'on fait des allers-retours en grelottant, nous pesons. Chacun notre balance. Il faut s'assurer que les cageots qu'on va livrer font bien le poids annoncé au client. Sur ma droite, des caisses remplies de carottes : je dois les vider, les re-remplir pour qu'elles pèsent exactement huit kilos. Refaire l'opération encore et encore jusqu'à ce que Romain me dise stop.

Il finit par le dire: « Stop, on range tout, c'est la pause déjeuner ! »

J'ai la joie paresseuse. Romain s'en va, moi je me traîne vers la chambre froide l'emplir une dernière fois de cageots, une écharpe mal mise à mon cou et, au moment de la refermer, mon écharpe se coince dans la porte. Je tire, j'essaie d'ouvrir, de refermer, tire un grand coup et la fais claquer sur mon doigt.

La douleur est si forte que pour un peu, je pleurerais. Non, c'est trop je pleure. J'ai envie de tout envoyer valser je m'injurie, me crie dessus : « Mais qu'est-ce que tu t'es fait encore ? C'est quoi ton problème ? »

Sur le chemin du retour, je longe la forêt, respire plus calmement fais un pas de côté, m'y enfonce. Sous les arbres il fait sombre, il y flotte un halo violet. L'air est épais comme une mousse, deux oiseaux se disent des secrets. Je m'arrête. Tout murmure, me dit bonsoir. Je ne sais pas pourquoi je me couche par terre, aux pieds des mélèzes, entre les racines sur un tapis de lierre de pommes de pin de branches. Au-dessus de moi se balance le sommet des arbres, je respire. Je voudrais m'endormir.

L'envie d'en finir ça ne vient pas toujours d'un drame, ça vous vient d'une lassitude, c'est le pendant du pour quoi faire, du à quoi bon.

Se défaire de moi-même comme d'un paquet trop lourd encombrant, le poser à terre.

S'endormir ne plus entendre les cris les peurs les bombes abandonner sa tranchée, je n'y arrive pas, tant pis, je laisse tomber.

Ça me berce une minute. Mais c'est une minute de trop. D'un bond je me relève et sors de la forêt en courant, je trébuche à travers les branches, mon souffle s'enraye, je m'enfuis. Arrivée à la maison je grimpe quatre à quatre les escaliers qui mènent à ma chambre et fais mon sac en vitesse. J'enfonce quelques vêtements, remonte la fermeture Éclair de ma polaire. Je mets Gribouille dans son panier, partons !

Depuis la veille je pensais au train pour Bayonne. Plus les heures passaient plus j'entendais la voix douce répéter dans ma tête : « Le TGV de quinze heures dix-sept à destination d'Hendaye arrivera voie B. » Dans le salon, j'appelle un taxi avec le téléphone fixe, vite, venez vite, tout m'est insupportable.

Je monte dans le taxi. Je monte dans le train.

Et dans le train, quel bonheur.

Je pars.

Je rentre chez moi.

Il fait chaud le fauteuil est moelleux le wagon vide, je troque mes baskets boueuses contre des chaussures normales, avec des talons, je me lave les mains dix fois pour enlever la terre sous mes ongles, peigne mes cheveux. Plus le train rejoint Bayonne, plus je me ressemble.

Je suis retournée chez ma mère parce que c'est ça qu'on fait quand on le peut encore et qu'on est vraiment triste.

Je la vois sur le quai, qui m'attend. Enfin je suis chez moi, je reconnais tout, tout est connu : les mouvements de la voiture sous les étranges accélérations maternelles, le vert d'eau des volets de la maison après laquelle on prend à droite le long du fleuve, la musique des bracelets fantaisie de ma mère, la chaussée qui s'élève juste avant le pont, ici la voie repart en baïonnette pour laisser passer l'autobus, là le vent apporte l'odeur des magnolias du jardin public ; il lance un brin de mer, un bouquet d'enfance, des voix oubliées.

Je préviens Brigitte, envoie un texto du train : « Un impondérable » – si je ne m'enfuis pas tout de suite je vais crever comme un rat – je dis : « Je reviens dans deux trois jours », mais j'espère que non. Lire au lit. Tourner des pages ne pas me blesser les mains et puis prendre des bains avoir chaud.

Ce soir-là, ma mère attend mon oncle à dîner. Dans la salle à manger aux murs framboise, éclairée de bougies parce qu'elle trouve ça plus sympathique, j'explique d'une voix mécanique, comme on répète une anecdote qui a perdu sa saveur, le pourquoi de mon projet : « Parce qu'en lisant un article, tu comprends, parfois on est frappé mais parfois, on lit et on oublie. Mais quand on touche la terre avec ses mains, on se rend je crois mieux compte, en parlant avec les agriculteurs, de la réalité de la situation. Je pense que la main parle mieux au cerveau, elle imprime… J'ai même lu que selon une étude de la Nasa, les manuels, les artisans, les pianistes, seraient plus aptes que les autres pour explorer la planète Mars, parce que leur cerveau est mieux conçu pour faire face à l'imprévisible, enfin des choses comme ça. Et puis bon, je veux vivre à la campagne et prendre soin d'un petit bout de monde ! Enfin, je dis ça, je crois qu'en réalité c'est lui qui prendra soin de moi. Je veux retrouver la nature pour changer de vie. À Paris je me sens comme une poule de batterie, tout ce qu'on me propose, c'est d'acheter plus et j'en peux plus. » Mon oncle pose sur moi des yeux tendres et circonspects : « Une révolution culturelle ! En somme, tu deviens maoïste ! Eh bien, pourquoi pas ? Mais si ton grand-père était là !

— Il aurait sûrement été un peu étonné, mais il aurait compris…

— Non, je doute qu'il aurait compris que sa petite fille fasse des études pour ensuite accepter de faire un métier éreintant, le plus souvent très mal rémunéré…

— Oui mais ça va aller, j'aurai des chambres d'hôte, je gagnerai de l'argent.

— Si tu le dis. Mais à mon avis, ça ne va pas être facile.

Ça m'en fiche un coup. Je le sais, bien sûr, mais quand c'est là, en plein dans l'air devant ses yeux, les mots qu'on n'ose pas se dire... Je mâche avec moins de vigueur encore le petit bout de jambon de Bayonne que ma mère a déposé dans mon assiette, que je m'octroie parce que je suis triste et que plus rien ne sert à rien... Je balbutie :

— Mais, regarde... Son père à lui était arrivé sans rien d'Espagne, et pourtant il s'en est sorti, il a réussi, donc moi... pourquoi je ne réussirais pas, moi ?

— Pour la simple et bonne raison que tu choisis une voie où rares sont ceux qui « réussissent », comme tu dis. Et d'ailleurs, quand tu dis « il a réussi », ça n'a pas été facile. Grand-père nous parlait souvent des fins de mois de son enfance, de son père, qui n'était qu'un simple officier de marine pendant la guerre de 14, de sa mère dont la famille avait été ruinée en Argentine, qui hésitait avant d'acheter un morceau de fromage.

— Ah bon ?

Je revois mon grand-père, cet œil gris vif, casquette sur la tête, qui marche près de moi au bord de l'océan, surveille les vagues, leur lance : « Alors, coquine ! », rit en me regardant, me propose un concours de celui qui sera attrapé le premier par la prochaine série – aujourd'hui, tous les lieux où il m'emmenait, toutes les promenades où je courais petite sont barrés par un panneau « interdit, danger » – je le revois s'exclamer de bonheur en me voyant si joyeuse, trempée jusqu'aux os. Je croyais que le cocon doux dans lequel il m'avait bercée, cette vie chaude et protégée, était la vie. La sienne. Celle que je me devais d'avoir.

En réalité, il avait toujours fait attention. J'avais feint de l'ignorer.

J'avais oublié qu'il savait le bonheur précaire, l'argent difficile à gagner. Souvent ma grand-mère me parlait du froid : « La différence entre aujourd'hui et autrefois, répétait-elle, c'est le froid, on avait tout le temps froid quand j'étais enfant. » Ils savaient qu'ils avaient eu une certaine chance, une grande chance. Cette terreur des lendemains qui me tenaille et dont j'avais honte, ils l'avaient éprouvée aussi. La guerre, la mort de ceux qu'on aime et qu'on voit cracher du sang sur leurs draps blancs. Pourquoi me suis-je sentie idiote avec mes inquiétudes ? Mon envie de lutter ? Pourquoi ce sentiment d'être minable, ridicule, parce qu'on s'interroge, qu'on a peur, qu'on voudrait autre chose ?

Mon oncle continue, je l'écoute évoquer la suite, le sort de ceux qui sont nés après, les tickets de rationnement, la guerre d'Algérie, la crise du pétrole, et toujours, cette impression que demain est incertain. Comme un dernier feu adolescent, je lance :

— Oui mais bon vous en avez bien profité, vous, quand même ! Et votre génération a fichu la planète en l'air !

— Ça, j'en suis bien désolée, dit ma mère, les yeux baissés, en me tendant une part de gâteau basque.

Mon oncle soupire, se penche en arrière :

— On ne savait pas. Tu peux nous en vouloir de toute façon qu'est-ce que ça fait, on sera bientôt morts.

— Sympa.

— Qui veut de la tisane ? Ma mère se lève, ses talons qui s'affolent sur le parquet. Ma chérie tu es toute maigre tu devrais prendre un morceau de gâteau ! Il est très bon je te promets ce n'est pas moi qui l'ai fait !

Traînait au fond de mon cœur le vague espoir que de retour là-bas, je pourrais balancer mon cartable par terre, m'affaler sur le canapé et zapper devant la télévision en ne m'inquiétant plus de rien mais ça n'existe pas, le retour en arrière. Le temps me pousse, c'est comme un piston dans mon dos qui m'oblige à faire encore un pas. Hier est condamné. Tant mieux. Je ressens cette étrange sève qui est la joie et la cruauté de la vie : dans cette maison où j'ai tant pleuré mes grands-parents, dans l'escalier de tapis rouge où j'ai vu descendre un adoré, soudain corps figé froid dans une boîte, courent maintenant des petits pieds roses des orteils qu'on mord de baisers.

La maison change et moi aussi.

Sur un grand plateau à rayures basques, ma mère et moi déposons des tasses : « Qui prendra une boisson chaude ? » Elle porte son uniforme perles et boubou africain – « parce que c'est ça qui me va le mieux maintenant ! » – qui lui va bien c'est vrai, une épaule dénudée parce que c'est joli, que ça plaît à son mari. « Mon chéri ! je vais me mettre au piano, vous me rejoignez ? Prenez l'harmonica ! », et cet homme alors, levant la tête de son assiette, l'admire dans un sourire satisfait, déclare : « Vous êtes magnifique ! », et va chercher son harmonica.

Un couple heureux. En les regardant, je me dis que l'amour, c'est peut-être un truc de personnes âgées. Pas encore pour moi. Moi jusqu'ici j'ai eu les accidents les chocs les tempêtes de chagrin des choses comme ça, adolescentes. Je me promets que c'est fini.

— Tu sais ma chérie, reprend ma mère en repassant le gâteau une énième fois sous mon nez, tu n'es pas obligée de t'imposer tout ça ! Tu devrais rester ici, et monter un petit bed and breakfast au troisième étage ? Ce serait drôle !

— Non Maman, il faut que j'y retourne.

— Mais pourquoi ? Quand je pense, tu avais un bon travail, ils t'aimaient bien…

— Oui, ça va te paraître fou, mais je ne me dis plus qu'une vie réussie, c'est vivre comme on nous fait croire qu'il faudrait, en vacances quasi, à dépenser, à faire la fête.

— Comme cette drôle de femme très grosse dont m'a parlé Zoé ?

— Kim Kardashian ?

— Oui. Un nom comme ça. Qui se prend en photo sur la plage… Elle est très grosse !

— Donc voilà. J'ai envie de me lancer dans la bataille. Encore plus qu'avant. Vraiment. Ça me paraît juste. Ça me paraît normal, ce qui se fait quand on est un être humain. Je me dis qu'une vraie vie je crois, une vraie vie, c'est une bataille.

— Oui… Enfin… Mais c'est vrai que si je pense à mes arrière-grands-parents qui ont traversé la mer pour aller en Argentine ! Et il n'y avait pas le téléphone ! Deux ans sans nouvelles parfois !

— Et moi accrochée à Paris comme une moule à son rocher… Bref, voilà. Ils ont pris des risques. J'en prends aussi. C'est ce que je dois faire pour Zoé pour tous mes neveux pour ce jardin même, pour la planète voilà. Et puis pour moi. Je ne veux plus vivre comme une petite fille. Je veux être un soldat ! Un homme avec deux bras deux jambes une tête, et qui fait de son mieux.

Le lendemain, je reprenais le train.

Je ne peux pas croire que nous ayons été nomades, avant. En route pour la gare, j'éprouve un spleen abominable. Étions-nous des hommes préhistoriques mélancoliques ? Est-ce pour cela que nous avons si vite été artistes peintres ? On voulait revoir les chevaux des plaines qu'on avait dû quitter. Il devait y en avoir une dans la bande, un peu comme moi, qui s'attardait sur les paysages, qu'on appelait à grands cris « allez viens, on s'en va », attendez je reste là encore un peu. J'écoute le vent.

Quitter une odeur me déchire le cœur. Le pire : refermer la porte de la bibliothèque de cette maison de Bayonne, je refais quatre fois le geste en fermant les yeux, j'ouvre la porte, j'inspire profondément, retiens tout, l'odeur des livres aux reliures de cuir, du vieux divan de velours, du bureau Empire d'acajou, je me revois entrer, enfant, dans la pièce où sonnait le téléphone : « Ma petite chérie, c'est pour toi ! » J'entends encore « on va regarder dans l'annuaire... » J'appuie sur la poignée j'écoute le cliquetis du loquet, oh ça fait mal, je recommence, c'est là encore ? Oui, c'est encore là. Bon. Maintenant, va.

Je soupire dans la voiture en serrant le chat contre moi, j'emporte l'odeur de la bibliothèque j'emporte les leçons de ma mère, sa façon de prendre la vie avec passion et détachement, comme s'il s'agissait d'un phénomène à étudier scientifiquement. Il faut faire de la bicyclette parce que « c'est la meilleure allure pour voir le monde ». Il faut accepter que les hommes, « ma pauvre chérie je suis désolée, sont tous un peu insupportables ». Dans son sac de voyage, Gribouille miaule à vous fendre l'âme. Oui tu en as marre de cette vadrouille eh bien rassure-toi, c'est terminé.

— Je crois que ton Foirfouille n'est pas content de partir !

— Gribouille, Maman, Gribouille.

— Gribouille ?

— Oui, ça fait sept ans qu'il s'appelle comme ça.

— Ah oui... c'est quand même drôle, si l'on m'avait dit que j'aurais une fille agricultrice ! Ma fille qui fait son arche de Noé !

Nous faisons le tour du dernier rond-point, il va falloir se quitter, je la regarde, ses cheveux noirs noyés de gris, soupire. Un bout de moi voudrait qu'elle me gronde, me dise : « N'y va pas ! » Mais non, j'irais de toute façon. Je n'ai plus besoin de cette part d'enfance qui n'est que peurs et caprices. J'emporte la petite fille en moi fière et conquérante, celle qui voulait être présidente de la République, « parce qu'on aide les autres, et qu'on travaille à la maison ».

— Tu sais, reprend ma mère, c'était le rêve de ton père de vivre à la campagne.

— Je sais.

— S'il l'avait fait il aurait été heureux j'imagine, je veux dire, lui qui n'aimait que la forêt et les poissons.

— Maman… Je suis sûre qu'il a été heureux.

— Et d'ailleurs, qui est heureux ? « Dites ces mots ma vie et retenez vos larmes. »

— Ohhh arrête un peu ! Moi, j'ai bien l'intention de l'être. Et toi, alors, tu n'es pas heureuse peut-être ?

— Si ! Très !

Elle éclate d'un petit rire gêné, fait un créneau pour se garer sur les clous pile devant la gare sans y prêter la moindre attention, reprend :

— Moi aussi c'était mon rêve, d'avoir une ferme, dans la montagne basque. Et puis, Paris, tout de même, c'était plus amusant ! Dis… si tu veux un peu d'argent… ça ne doit pas être facile pour toi en ce moment…

— Non non, ça va aller, merci beaucoup.

— Enfin tu sais que si jamais…

— Non non. Merci beaucoup, Maman.

Le train s'enfuit vers les Landes, je serre Gribouille, me blottis sous son poids chaud, branche mes écouteurs. J'écoute Pearl Jam, Pearl Jam que je me passais à seize ans sur mon walkman quand je me disais : « Plus tard, j'irai surfer au bout du monde. » Je m'imaginais, je crois, vivre avec un grand blond torse nu à Hawaï, il jouerait de la guitare. C'est réussi !

Je revois la silhouette singulière de ma mère, sur le quai, ses mains croisées, un genou en dedans, cette pose de petite fille gênée qu'elle prend toujours, figée depuis l'enfance dans un déséquilibre de pudeur bourgeoise : ne pas trop se mettre en avant, être convenable pour la photo. Je n'aurai jamais les bras grands ouverts, comme les autres, de bonnes grosses embrassades mais ce sourire malicieux qui n'ose pas, ce geste furtif de la main qu'elle esquisse quand elle m'aperçoit, avant de disparaître pour m'attendre plus loin, même pose, même gêne, même joie que l'on retient, me saisit le cœur. Et elle rêvait d'une ferme basque !

Personne ne va là où il pensait aller.

Eh ben c'est pas grave.

C'est même ça qui est rigolo. Se jeter dans la vie comme un bouchon. Allez hop, on y va !

Que vais-je devenir ? Je ne sais pas !

Mais quel chemin prendre ? Ça, je commence à en deviner la trace.

Nous voilà, mon projet et moi, comme une étudiante avec son petit né trop tôt : on se regarde, ce nourrisson et moi, on se demande comment l'on va bien pouvoir faire pour grandir ensemble. Dans quelle maison ? Avec quels sous ? Où l'été nous trouvera-t-il l'année prochaine ?

Sur le chemin du wagon-restaurant où je vais chercher un café pour me réchauffer, je m'interroge : quand cela a commencé, l'infantilisation générale, les petites lumières dans le métro pour indiquer les stations, les panneaux dans le TGV avec écrit « pour les gourmands » au lieu de voiture-bar ?

Les carottes

J'ose à peine me rappeler cette fugue. (Parfois, il me semble avoir tant fait le tri dans ma mémoire que si l'on me repassait le film de ma vie, je ne le reconnaîtrais pas.)

C'était il y a trois semaines et le vent souffle encore ce matin. J'en reçois des bourrasques comme de grosses tapes dans le dos je rebondis entre les monticules les nids-de-poule les touffes d'herbe dure.

Personne à l'horizon. J'aime cette solitude. Marcher où bon me semble poser mes pieds sur la terre me dire qu'en dessous il n'y a rien qu'elle et un grand feu et avancer la tête haute ; je sautille, je pourrais chanter, il n'y a pas une maison, pas un bruit d'homme. Je chante. Je crie : « Mabrouk s'en va-t-en guerreu, talalalalalalala-lèèèèèreu, Mabrouk s'en va-t-en guerreu, ne sait quand reviendra ! Ne sait quand reviendra ? » Il paraît qu'il faut dire « Malbrough ». M'en fous.

C'est bon de crier comme un fou.

C'est ça que permettent les arbres, les champs, les vallons, les collines : une solitude qui ne fait pas mal. Il est dans l'ordre des choses d'être bizarre. Dans la nature tout est étrange quand on y pense. Une grenouille. Un lapin avec ses grandes oreilles. Un animal qui se tient debout. Oui, j'aime cette solitude.

J'en éprouve un apaisement violent.

Romain va encore me dire que je suis en retard, ça m'est égal. Chaque bonheur a sa part de fardeau, chaque vie ses saisons, c'est mon hiver et je m'y tiens.

Je me souviens du meilleur conseil qu'on m'ait donné lors d'une interview. Il m'est venu de Jane Fonda, sublime et merveilleuse avec son accent charmant son français parfait son regard planté au fond du vôtre : « Quand quelque chose vous fait peur allez-y, approchez-vous de cette chose ! Prenez-la dans vos bras et vous verrez, la peur passera, comme pour la mort comme pour la maladie je voulais tout savoir et maintenant je n'ai plus peur. » Moi non plus.

Hier, j'ai passé mon examen de maraîchage. Il fallait rendre un dossier de cinquante pages sur comment assurer la rotation des sols dans cette parcelle des Landes. Quelles familles botaniques planter les unes à la suite des autres pour éviter les maladies, les échalotes après les courgettes, les choux avant les pommes de terre par exemple. À l'oral, j'ai répondu à des questions pièges, fait des calculs – j'ai tant de tonnes de compost et tant d'hectares, combien de temps me faudra-t-il pour améliorer mon taux d'humus ? Je me suis ratée sur les pommes de terre – à la question « que faire en cas de mauvaises herbes », j'ai dit « je les arrache… ? » au lieu de « je rebute ». Mais je crois avoir été bonne en poireaux – à la question « que faites-vous en cas de gel », j'ai répondu « je paille ou je déterre mes poireaux et je les mets en jauge » (je priais pour qu'on ne me demande pas ce que c'est, « mettre en jauge »).

Romain finalement ne me fait pas de réprimandes. Nous sommes de bonne humeur, il m'explique le travail du jour et me tend ma brouette.

J'aime son métal cabossé, avec des feuilles rousses jaune rouges brunes collées sur le fond vert, sa petite flaque de pluie dans un défaut de la benne. Dimanche, je la peindrai.

Le premier geste est douloureux, les manches de la brouette sont lourds et glacés sous mes gants trop minces. Mais j'avance.

En chemin, tandis que Romain s'éloigne je m'arrête. Je m'accroupis, ôte mon gant droit, saisis une poignée de terre. Je la serre fort, le plus fort que je peux, la marque de mes doigts s'imprime dans la maigre quenelle noire, et plus je la tiens serrée et plus il me semble qu'elle me rend mon étreinte.

Ça ressemble à une petite forêt, presque tropicale, une salade verticale, digne et fière, un champ de carottes. Je me penche, entoure les feuilles de mes doigts comme on ferait pour tresser les cheveux d'une enfant, délicatement. J'observe les mauvaises herbes autour. Il y en a à ne pas savoir qu'en faire, les unes qui rampent, les autres qui s'élèvent haut, en jolies feuilles vert clair. Romain assure qu'il faut les arracher : « Ça leur pique toutes les protéines dont elles ont besoin, à mes pauvres carottes, tu vas pas faire du sentiment avec des liserons, quand même ! » Bon. J'ai parlé sans cesse de permaculture, expliqué que s'il y a des liserons c'est que le sol est trop tassé, que les liserons vont l'aérer, que même l'INRA a reconnu que la permaculture était un système de culture bien plus efficace que la monoculture boostée aux produits chimiques, que le bon vieux système agro-sylvo-pastoral de nos ancêtres était le plus performant au mètre carré, que le seul « gain » de cette agriculture intensive, c'était d'avoir renvoyé l'homme hors des champs, Romain n'est pas encore complètement converti. Pas grave. Ça viendra. Nous avançons l'un vers l'autre.

Les fesses sur la glaise, mon esprit vagabonde. J'admire. Chacune de ces feuilles transforme le gaz carbonique en oxygène. Je l'avais appris à onze ans, mais à quarante, ça m'hypnotise. Tout ressemble à mon propre corps : des artères et des veines, une respiration, une fécondation, un ADN, des protéines. Je respire avec la mousse des forêts.

Accroupie sur la terre, ce socle, ce truc têtu qui me demande du temps, un effort physique, j'ai l'impression de croître avec les carottes. J'apprends à savoir vivre. Pas les arts de la table. Le vrai. Parfois, je pense à Napoléon. Un type qui s'est pris pour Alexandre le Grand et alors je pense à Alexandre le Grand. Comment ces hommes ont-ils pu à ce point croire en eux ? Risquer la vie des autres et la leur ? Comment se fait-il qu'autour de moi, on ne croie plus en notre pouvoir d'améliorer la situation ? Est-ce parce que ces hommes avaient taillé un arbre, creusé un chemin, senti l'impact direct, visible de leurs actes ? Et après, ça fait comme un tremplin ? Après on se sent fort ? Non, sans doute que non. Et, de toute façon, je ne veux pas être Napoléon à Arcole. Non, ce que je veux moi, c'est être Arcole. Pas la ville, le pont. Relier Romain à mes amis, ce monde au mien, les hippopotames et cette fille croisée à un brunch, cette professeure de philosophie qui m'a dit : « Mais c'est vrai, alors ? la planète se réchauffe, tu y crois toi ? » Je veux rapprocher les moutons avec le Grand Palais, mon ami Pierre et mes amis de Paris, bref, un mélange qui est la vie.

Au loin Romain peste sur son téléphone : « Bon sang mais si tu voyais ce champ, si tu voyais ! ah me demande pas, c'est pas possible à expliquer. » Il est en ligne avec son cousin, qui se moque de nos champs abandonnés. Sur ses terres à lui, il « traite » les sols à grand renfort de produits qu'il faut manipuler avec des gants, un masque, une combinaison de cosmonaute. Des herbicides, il me les a montrés, avec écrit dessus qu'après les avoir épandus, il faut attendre un mois au moins avant d'aller se promener dans le champ, sinon c'est risqué. Il y est aussi indiqué le délai avant récolte, à respecter pour ne pas mettre en danger la santé des consommateurs. Après avoir utilisé certains produits, par exemple, on ne doit pas arracher les asperges et les consommer avant deux cents jours, plus de six mois ! « Alors que pour les carottes, m'explique Romain furieux, c'est seulement quarante-cinq ! Tu te rends compte de l'arnaque, pourquoi les carottes moins longtemps que les asperges, moi je dis que c'est le lobby des carottes qui a milité pour faire raccourcir le délai avant récolte ! C'est tout ! Tu te rends compte, les gens qui bouffent cette merde, après ? » Ce printemps, lui, il fera pousser des tomates. Bio. Il y a deux ans, il est parti en Nouvelle-Zélande faire un stage dans une ferme bio. Il y a découvert des tomates issues de graines interdites chez nous, des roses des jaunes des vertes des blanches et juteuses et sucrées ou fermes ou délicates, avec des formes oblongues ou toutes petites ou qu'il faut presque prendre à deux mains et que ça brille entre vos paumes, c'était beau. Ça l'avait ébloui. « Surtout, c'était bon, et plein de calories ! » dit-il souvent, dès qu'il en parle, et il en parle tout le temps. Alors, il s'accroupit, lui aussi, on s'accroupit, parce qu'on a un rêve chacun au-dessus de la tête qui nous tient lieu de lumière sous le gris.

Je me lève pour m'étirer, Romain lui, a fait deux rangées déjà alors que je n'ai pas fini le mien, il avance comme un danseur russe, avec une certaine élégance, ou un moineau ?, je me retourne et il a fait trois petits pas sans que je m'en rende compte.

Il s'approche de moi, retire son bonnet pour essuyer la sueur sur son front :

— Ça va ? C'est dur ! Surtout pour toi, qui es trop grande, enfin trop, je veux dire, un peu trop grande pour ça.

— Ça va, je tiens.

— Je vois. J'avoue je pensais pas que tu tiendrais. Allez, je sais que c'est dur mais faut passer la seconde, là, on a bientôt fini et aujourd'hui je voudrais qu'on fasse quelques livraisons chez Leclerc. Encore une demi-heure et on arrête.

— Oui chef !

— Attends, je t'aide un peu.

J'aime quand les carottes sortent de terre. Je pourrais les manger. Je pourrais me nourrir de ça, et cela vient d'un champ abandonné, cela me vient des vers de terre, du soleil et de la pluie. Il paraît que la nature, en eau potable en air en alimentation, nous donne gratuitement l'équivalent de cent vingt-cinq mille milliards de dollars chaque année. Un tiers de tout ce que nous mangeons, on le doit aux abeilles et autres pollinisateurs. Il me semble que toute cette planète sur laquelle je chemine, encore debout pour quelques années avant de m'y étendre à mon tour, tige de blé glané, tant que j'y porte encore une ombre, cette planète me restera un miracle.

J'essaie de parler à Romain de tous ces animaux ces plantes ces trésors d'ingéniosité de couleur de sagesse d'astuces ou juste de beauté qu'on extermine avant même de les avoir découverts. Et ceux qu'on ne verra plus. Il y a le Dendrolagus, un petit kangourou qui grimpe aux arbres, tout roux comme Djoux, avec une petite tête d'écureuil et une longue queue de chat. Il y a l'Axolotl, l'un de mes animaux préférés, avec ses drôles de nageoires flammes, cette couronne autour de sa tête de tout petit poisson, de film de science-fiction. Un animal qui sait faire repousser un œil… Il y a le gyapète barbu, un vautour qui ressemble à un vieil archiduc, ou un vampire, l'un des plus beaux oiseaux du monde. Et le quokka, qui ressemble à une marmotte, l'animal le plus heureux du monde dit-on en Australie. Le plus adorable qu'il m'ait été de voir. Tous menacés de disparition cette année.

Aujourd'hui, selon WWF, plus d'une espèce sur trois est en danger.

— Tu comprends, c'est aussi pour ça que je veux faire cette ferme pédagogique, pour qu'on sorte la tête de la ville, qu'on regarde, qu'on comprenne. Par exemple, je suis sûre que même toi tu ne sais pas qu'un cochon, c'est très intelligent !

— Ah oui ? Tu as parlé avec Gustave ? Il te bat aux échecs ?

— Non, mais il y a des éthologues qui ont essayé de faire jouer un cochon à des jeux vidéo pour chimpanzés, et figure-toi qu'il était hyper fort ! Alors qu'un chien ne sait pas faire ! Tu te rends compte ? Ils sont même plus intelligents que les singes ! On pourrait faire faire des expériences à Gustave…

— Té, si tu arrives à convaincre les gars du Sud-Ouest d'arrêter de manger du cochon…

— Pourquoi pas ? On a bien arrêté de se moucher dans la nappe ou de porter des hauts-de-chausse…

— Oui… C'est pas faux ce que tu dis. Non mais elle est bonne ton idée de ferme pédagogique, mais il te faut des sous… Tu vas pas dépendre de Pôle emploi toute ta vie !

Zut. J'avais oublié Pôle emploi. C'est le dernier jour du mois pour « s'actualiser ». Mes genoux coincent, je cours comme je peux vers le bout du champ, celui où mon portable capte. Les nuages filent dans le ciel bleu, dans la brise, les fanes de carottes se balancent.

Quand enfin trois barres s'affichent sur mon téléphone, j'ai deux messages : ma mère, et la banque. Suis déjà dans le rouge. Oh non pas ça, pas déjà ! Il faudrait scanner un document… Me rendre à l'agence… Pour laisser un message, dites message, puis composez le numéro de boîte vocale de votre correspondant… Je n'en ai pas la moindre idée.

J'essaie d'aller sur le site de Pôle emploi. Lors de mon inscription, je me souviens, ils m'avaient demandé : êtes-vous artiste non salariée, docker, détenue récemment libérée, expatriée ou marin pêcheur ? Je n'avais pas compris en quoi tous ces cas étaient liés mais je me souviens qu'alors, je m'étais sentie exactement ça : un artiste raté, récemment sorti de prison, avec un poids très lourd sur le dos, qui ne comprend pas dans quel bateau il est monté…

Plus maintenant.

Tant que j'y suis j'appelle mon amie Nathalie, sa voix qui bondit. Quand je demande : « Tu as fait quoi hier soir ? », elle a la bonté de répondre : « Oh, rien, une petite soirée avec machin et chose, tu sais, pour leur dernier film. Et toi ? Comment ça va, mon renard ? »

— Moi, ça va pas mal. Je commence à monter mon projet, je deviens très forte en toilettes sèches…

— Oh ben ça j'ai envie de dire, c'est utile !

— Oh mon Nathon je me fais peur. Je crois que je vais finir avec un zadiste en pantalon africain. Hier, j'ai regardé un reportage, et je les ai trouvés super !

— Encore mieux !

— Mais je te rassure, après, j'ai aussi regardé *Dynasty*. La nouvelle série ! C'est bête mais j'avais envie de voir des beaux vêtements ! Tu sais que je suis à Paris le week-end prochain ?

— Super ! Je sais où je vais t'emmener. Mais fais-moi plaisir, viens avec ta combinaison verte, je veux te voir avec !

— Ohhh, moque-toi. C'est dur, tu sais. Je n'ai aucune idée de ce que tout ça va donner, mais je suis contente d'être là.

— Écoute, tu connais mon avis, moi, je pense que tu n'as rien à faire là-bas… Mais bon, si tu te sens utile. Tu voulais agir… Et tant qu'à faire, ça me paraît moins dangereux qu'un tour du monde à la voile ! En tout cas bravo, c'est courageux. Des nouvelles de l'amoureux… ?

— Non…

— Et tu ne veux pas l'appeler ?

— Si. Mais on n'a plus rien en commun… Il va me trouver nulle… Je cherche un petit appartement dans une toute petite ville, je veux voyager moins, je ne gagne plus un kopeck…

— À toi de voir. Mais c'est rare, une rencontre. Et donne-moi des nouvelles de Gustave…

— Des nouvelles de mon cochon ?

— Des nouvelles de ton cochon ! J'adore cette phrase ! Tu sais qu'il a un succès fou !

— C'est vrai ?

— Sur Instagram il a plus de likes que n'importe qui !

— Ah ? Je n'ai pas regardé… Non mais, il me manque, tu sais.

— Le fiancé ? Ou le cochon ?

— Le fiancé… ! Ça me rend triste parce que je voudrais encore lui donner de la tendresse. Tu vois, le problème je crois que entre lui et moi c'est comme entre les hommes et la planète, nous ne savons pas bien voir ce que nous aimons, il ne m'a pas vue vraiment, c'est comme un vieux couple et à la fin, à force de ne pas avoir été regardée, la femme se casse.

— Tu verras. Et puis, il y a des chemins qu'on a besoin de faire seul. Pour mieux savoir qui on est.

— Oui. Hier soir mon frère m'a dit qu'il fallait penser comme en voile : pour savoir où l'on va, il faut regarder derrière et pas devant. Et j'aime la direction que je prends. Tu viendras quand il commencera à faire beau ?

— Si tu me présentes Gustave…

Petit et rose, Gustave reçoit chaque jour ma visite. Je le nourris avec les restes de nos repas, mêlés à des graines de quelque chose. Il m'appelle de loin, dès qu'il me sent venir. Au début, c'était des cris affreux, du désespoir, il voulait sortir, le pauvre, de son trop maigre abri de bois. Maintenant, il me salue de grognements adorables, parfois brutaux parce qu'il s'énerve : je ne comprends rien à ce qu'il dit… Je caresse son flanc brûlant, lui se frotte la joue contre moi, me lance de côté un œil adorable, intelligent, qui me rappelle Djoux, une vieille âme dans un corps nu. Il pose ses drôles de pattes à deux gros ongles roses sur la barrière, me renifle, demande des caresses encore, encore. Je m'arrête avant que l'envie ne me prenne de l'emporter dans ma chambre, de dormir avec lui comme je le ferais avec un petit chien…

Je lui raconte des histoires. Je lui dis où j'en suis dans ma vie. Après, parfois, on prend une photo que je poste sur Instagram. Et c'est vrai : il a beaucoup de succès. Il emporte plus de likes que les photos de défilés ou de petits-déjeuners au Plazza, plus que les vues d'avion, « Hello Corsica ! », les plats quatre étoiles avec écrit en dessous « Divin ! » Il faut croire que les autres sont comme moi.

Ouh ouh !!!

Je me retourne : Brigitte, enveloppée dans une couverture de mohair écossaise dans laquelle elle s'est confectionnée un poncho, me hèle, son bâton à la main. La voici qui s'approche :

— Alors alors ? Ces carottes ?

Elle a ce ton que je connais bien, celui pour parler gentiment aux employés de maison. S'enthousiasmer pour le travail du plombier « oh, ce que vous êtes ingénieux ! », du peintre « mais c'est magnifique ce que vous faites ! », gentil, curieux, juste un petit peu trop lointain, ça me fait sourire. Romain, moins. Il nous rejoint, dit :

— Ben ça ne va pas, Brigitte ! Ça ne va pas on en a pour des heures ! Les plants d'engrais verts, moi, je ne pourrai pas les planter sans tracteur.

— Mais Romain…

Elle sourit, faussement étonnée, me regarde, le regarde, ses petites nattes rousses qui s'agitent comme des grelots sous son béret rouge à frou-frou, ses beaux yeux bleu sombre écarquillés ; elle ouvre grand les bras sur les champs noirs, bouffés de mauvaises herbes :

— Mais enfin regardez, regardez comme c'est beau ! Vous entendez les oiseaux ? Vous entendez le vent dans les feuilles ? Et vous voulez, Romain, vous qui aimez la nature, nous gâcher ce bonheur avec un bruit de moteur ? Avec du pétrole ? Vous savez ce que c'est que le pétrole, Romain ? C'est la mort ! Un élan la dépasse, que trahit un tremblement du menton : Ce sont des corps marins décomposés, un cimetière vieux de cent millions d'années, c'est de la matière morte ! Et vous voulez aller me déterrer ça et le mettre dans mon jardin ?

— Vous avez raison Brigitte – il articule doucement, incline la tête de côté – mais on galère, là, c'est vraiment dur. Plus personne ne veut travailler comme ça. Ou alors il faudrait employer plus de monde.

— Bien sûr, on va employer du monde ! J'y ai déjà pensé, je me suis dit qu'on pourrait accueillir des migrants, j'en ai vu hier à la télévision ! On fera ça quand vous aurez monté le gîte, c'est bientôt, non ? On pourra payer plus du monde.

— Mais… c'est-à-dire que pour ça aussi Brigitte il faudra de l'argent… Alors pour la première année, exceptionnellement, je me dis que Romain a raison…

— Vous vous y mettez vous aussi ?

— Mais c'est trop grand, ici.

— Alors faites plus petit !

Ses lèvres amaigries se resserrent, s'emberlificotent. Elle reprend :

— À votre âge, je vivais dans une usine désaffectée, dans les Cévennes, avec nos deux fils et mon mari, je m'occupais de moudre le grain pour faire le pain, on était très bien…

— Ça a dû être merveilleux !

— Il va falloir qu'on parle sérieusement, coupe Romain.

— Romain vous n'allez pas me quitter ! Regardez cette terre, oh, cette goutte de rosée, cette goutte – elle se courbe, effleure de sa main une fane de carotte pour y cueillir une goutte d'eau, s'en passe sur le visage –, faites comme moi. N'est-ce pas extraordinaire ?

Romain sourit, se penche à son tour, non, il s'arrête, hausse les épaules et va maugréer plus loin.

— Té, je la connais va, la rosée !

Moi non. Une goutte de rosée, comme une perle transparente, un soleil liquide, des milliards et des milliards d'atomes, minuscule. Je me sens idiote mais une fois la goutte sur mon visage, je suis émue. Oui, c'est extraordinaire. Une petite bête court dans le sol.

— Oh ! Regardez Brigitte ! Là, vous voyez cet insecte ?

— Où ? Oui, c'est un petit grillon des champs. . Très intéressant, je vous raconterai ! Vous sentez comme c'est merveilleux... Si vous pouviez convaincre Romain. Regardez comme c'est beau, comme c'est merveilleux ce que la nature nous donne. On va goûter ces carottes !

— Pardon ?

— On va les manger ! Ça va être délicieux, c'est très sucré !

Et la voici qui sort un canif de la poche de sa grande jupe verte, épluche un bout de racine, met à nu la chair orangée, en découpe un petit morceau :

— Goûtez ! Goûtez c'est délicieux ! Il faut remercier le ciel, il faut remercier le Seigneur.

— Bien sûr.

Je goûte. Elle est sucrée, douce, juteuse, elle me vient directement du sol et pour la deuxième fois de ma vie je tire ma nourriture de la terre, je la mange et c'est bon. Romain revient d'un pas décidé :

— Allez, on y va, on n'a pas que ça à faire !

— Romain, s'il vous plaît, goûtez ! C'est la vie ! C'est tout simplement la vie, Romain, sentez !

— Allez, Romain, juste une bouchée, ça ne mange pas de pain.

— Bon, donnez-moi ça, je vais le manger dans la voiture, allez, on s'en va !

En route. Romain roule vite, sans un mot, regarde ailleurs, même pas devant lui, à gauche, à droite, monte le son de la radio : Balavoine est chanteur et il voudrait bien être aiméééé.

Six ronds-points deux échangeurs et dix minutes plus tard, nous retrouvons l'entrepôt de son père.

Il est onze heures déjà je meurs de faim j'ai mal partout sommeil mais je tiens. C'est mon boulot.

On commence le travail en silence. Alors moi, je pense à lui. Je me demande s'il pense à moi. L'a-t-il achetée, cette voiture idiote ?

J'aime quand les carottes ont des formes bizarres, j'aime celles qui ont des excroissances, qui font une boucle, les carottes en déroute. Ce n'est pas un ratage, c'est une liberté prise sur le destin de fruit, la surprise. Il ne peut pas aimer que les choses évidentes, les belles voitures les grands hôtels les vies comme ça. À Paris je crois bien que je me sentais asphyxiée, toutes ces tomates rondes et rouges ces hommes barbus en chemises en jean.

Je m'empare d'une carotte blessée, mangée par quelque chose, rêche sous mes doigts, la tiens serrée dans ma paume. La mets de côté. Mais moi, l'ai-je aimé comme ça lui aussi, avec ses bizarreries, ses goûts si différents des miens ? Il croyait peut-être n'avoir que cela à donner, cette voiture, cette maison.

Romain chantonne. Pourvu qu'il ne mette pas la radio. Par pitié pas Chérie FM, par pitié. Si. Il avance sa main vers le vieux poste noir, clic, les cartons les plus lointains vibrent sur Michael Jackson, tremblent avec Céline Dion, Romain chantonne et moi aussi, forcément. Je connais tout par cœur.

Et nos mains remplissent des cageots de carottes.

Il disparaît une seconde, j'entends la porte de métal du hangar coulisser, se rouvrir :

— Allez, ça va te remonter le moral !

Et de me tendre un croissant, avec une Thermos remplie de café.

— Oh merci ! Je tends la main, baisse un peu la radio, Michel Jonasz murmure en bord de mer : Dis, tu ne peux pas nous abandonner Brigitte et moi, tu sais bien qu'il est super, notre projet ! Et puis sans toi on est fichues.

— Oui oui, va, je réfléchis. Mais elle est trop idéaliste, Brigitte, elle ne comprend pas. Il faut être sérieux, quand même !

— Tu as raison. Tu sais quoi ? Je t'invite à déjeuner, on va en parler sérieusement, pour une fois ! D'accord ? Tu choisis le restaurant. Un bon ! J'en ai marre de mes soupes je cuisine tellement mal…

— Tu as des goûts de luxe, toi.

— Oui. Je sais.

Et de deux cageots. Et de trois. Zazie chante, et Orelsan chante, et chez Intermarché il y a une promo sur je ne sais quoi que je connais par cœur mais j'essaie que ça ne rentre pas dans mon cerveau.

Et de quatre cageots. Je compte. Je pèse le tout sur la balance. Me casse le dos. Assemble les caisses les uns sur les autres près du diable. Romain monte encore le son et ma tête récite les publicités pour Auchan et sa sélection de produits bio pour que l'assiette de la petite Maya change. Mon esprit est comme pris dans une chaîne lui aussi, il attend le jingle et la suite du jingle. Ce n'est pas de l'agriculture, ça. Vite, arrêter ça, l'arrêter vite sinon je vais devenir mauvaise et lui faire la tête, m'enfoncer mon iPod dans les oreilles avec des podcasts de France Culture.

Je baisse la radio, me lance :

— Tu ne crois pas, toi, qu'on peut rénover sa maison ? Tu ne trouves pas que c'est le lieu idéal ?

— C'est le lieu idéal, mais comme je te le dis, il faut des sous, et ça se trouve pas comme ça.

— Mais je vais rénover une chambre, puis deux, on commencera par faire gîte, et après, toi…

— Moi, tu veux que je donne des cours, mais il faudra me payer !

— Oui…

— J'y ai pensé, tu sais, à ton idée. Toute seule, tu es encore au même point dans dix ans ! C'est dommage parce que c'est pas bête. Je serais même pour faire une école. Recevoir du monde…

— Voilà !

— Oui mais pour ça encore une fois il faut des sous !

— Moi je crois qu'il faut surtout du courage !

— Il faut du courage, et des sous ! Il faut déposer un dossier à la Chambre d'agriculture, avoir de la main-d'œuvre. Le maraîchage, ça se fait pas tout seul. J'ai pensé qu'on pourrait aussi ouvrir une jolie boutique de vente en direct… Et après seulement on pourra te dégager un petit salaire…

Je ravale ma salive, ça me fait encore frémir, ce « on pourra peut-être te payer », ce « petit salaire ». Tant pis. C'est pour la bonne cause.

— D'ailleurs il faudra que je te présente une copine du lycée, elle pourrait nous faire un site Internet, pour faire un peu de publicité.

— Ah oui, bonne idée, ça moi, je pourrai m'en occuper, du site, c'est ma partie.

— Ben non, j'ai besoin de toi pour les cageots, pour les champs.

— Mais, Romain, je crois que tu ne te rends pas compte… écrire, c'est…

— Bah si, je me rends compte, va, t'es pas très forte, mais tu t'en sors quand même, j'ai bon espoir !

— Non, ça on est d'accord, mais je suis plus forte à autre chose, j'écrivais des articles, moi, je peux le faire, le site, et même trouver des idées, tout ça…

— Moui. Faudra voir avec Sandrine. Je vais te la présenter.

— Non mais, Romain, moi, moi par exemple, j'ai interviewé Hillary Clinton…

— Ouais ! C'est ça ! Hillary Clinton ! C'est ça ! Ah… j'adore cette chanson ! Tu la connais ?

Mon visage atterré se perd dans la énième rediffusion de « je ne suis pas un héros… » plein pot dans mes oreilles. Je n'existe plus. Il s'arrête, Auchan reprend, je baisse le son. Romain me regarde :

— T'es allée, toi, à des concerts de Balavoine ?

— Ben non. J'avais dix ans quand il est mort.

— Ah… C'est dommage, j'aurais bien aimé que tu me racontes.

Ai-je disparu ?

— Romain, tu dois me croire, j'ai fait plein d'articles dans ma vie, c'est pas des blagues.

— Oui, c'est ça. Tu es allée à la Maison-Blanche et tu as dit coucou, c'est moi ?

— Ben non ! Elle est venue à Paris pour son livre et je me suis battue pour faire partie des journalistes qui auraient un tête-à-tête avec elle et je l'ai eu.

— Et tu voudrais faire mon site ?

— Le nôtre, tu veux dire ? Oui, évidemment.

— Bon, si tu dis que tu sais faire…

J'ai faim j'ai froid mais pour la première fois Romain me confie la livraison, chez Leclerc. J'ai les clés de la camionnette, je conduis sous la pluie soudaine en chantant à tue-tête, pour un peu j'irais jusqu'à la mer mais pas encore, demain j'irai saluer les vagues, m'étendre sur le sable tremper mes pieds dans l'eau glacée, arghhhh, et rire toute seule et emplis mes poumons d'air marin.

Je me gare, vais chercher un diable, hisse ma douzaine de cageots, reviens trempée et chargée comme une bourrique vers l'espace « accueil intervenants extérieurs ». En entrant dans le supermarché, attaquée de cris d'enfants de lumières de musiques de sons métalliques, j'ai soudain honte de mes vêtements pleins de terre. J'aurais envie d'entrer vêtue de propre, en talons, maquillée et d'acheter des bêtises, des cartables des balais du papier toilette des yaourts… non. Désormais je calcule, je dois faire attention. Je dépasse les rayons, m'arrête derrière un comptoir orange.

Le type qui doit me recevoir me fait attendre sur une mauvaise chaise de plastique rouge. À côté de moi, une espèce de vieux surfeur, bronzé, attend près de ses caisses de saucisses. Par politesse, je demande :

— Elles sont bonnes ?

— Ah non moi je ne mange pas ça c'est trop gras ! Non, je fais ça pour gagner ma vie, c'est tout.

— Ah…

— Je ne mange que du bio !

— Ah ?

— C'est-à-dire qu'avant, pendant vingt ans, j'étais dans les endives. En gros. On les faisait pousser sur de la laine de verre, dans des bains chimiques. Dégueulasse. M'enfin on remplissait les cantines… J'ai arrêté. Trop moche. La saucisse, c'est pas beaucoup mieux vous allez me dire, mais quand même, ça change.

Quand vient mon tour le chef de rayon qui me regarde de haut, tente même un œil coquin qui m'étonne et me répugne à la fois, est intarissable sur le jardinage. « Elles sont pas mal vos carottes mais j'ai moi-même un potager, avec ma femme. » À chaque fois c'est pareil. « Ah… les miennes de carottes, c'est autre chose. » Les gens sont fiers d'évoquer leur propre production. C'est mignon, ça me rappelle cette lubie des dîners parisiens, où chacun se répand sur son dernier petit plat réussi. Ça ne peut pas être juste le bonheur d'avoir joliment rempli son estomac. Ça doit être plus. On doit deviner encore, une mémoire des cellules, nichée tout au fond de soi, qu'on est ce qu'on mange, qu'on ne fait qu'un.

En sortant de son bureau, j'aperçois une fille qui était en classe avec moi au collège. Une espèce de grande chose mince, moulée dans un jean et un superbe col roulé beige, un grand manteau camel et deux petites têtes blondes qui se traînent sur son pas, le regard en l'air, la bouche ouverte. D'un coup j'ai honte de nouveau, je me détourne.

Non. Non je reprends mon chemin. Mon diable est vide, il roule vite, mes bottines boueuses font un bruit de plastique sur les dalles, je dois avoir une drôle de figure, mais je fais face. Elle ne me voit pas. Je pourrais tourner la tête ? Non. Je dévie même, avance droit vers elle. Elle approche.

— Mais c'est pas vrai ? Mais qu'est-ce que... qu'est-ce que tu fais là ? Tu connais les enfants... ?

— Bonjour... ! Mais comme c'est drôle ! Ça fait plaisir de te voir !

— Mais, mais tu es en reportage ? En immersion ? C'est un truc sur la France périphérique ?

— Non, je suis devenue agricultrice, enfin, c'est l'idée, je voudrais monter une ferme pédagogique... Je t'expliquerai...

Je refais vingt fois le geste de remettre une mèche de cheveux derrière mon oreille alors qu'ils sont tranquillement attachés en chignon sur ma tête, me tortille, fais mine de m'intéresser aux enfants...

— Mais non mais c'est fou cette histoire ! C'est génial ! Il faut que tu me racontes, viens dîner à la maison demain ? On a déménagé, figure-toi, on n'en pouvait plus de Paris on menait une vie débile, et puis la petite a de l'asthme, on était inquiets pour les enfants... alors Paul a quitté sa boîte... Moi-même il va falloir que je me reconvertisse, tu sais... Il faudra bien que je trouve un job dans le coin. Je crois qu'il n'y a rien...

— Je ne sais pas trop.

— Je pourrais peut-être t'aider ? Non mais sans blague, ça m'intéresse l'agriculture. J'ai deux amis qui ont fait comme toi c'est dingue ! Il y en a même un qui a monté une ferme dans le coin. Je l'ai aidé pour son business plan. C'est dur pour l'instant mais il y croit. Je vais vous présenter. Mais toi, avec tes contacts... Tu pourrais même faire un documentaire, une émission de télé ? On va te voir dans *L'amour est dans le pré* ?

— Non... Mais c'est vrai, on pourrait faire des choses, il faut qu'on en parle.

— Bon, là je dois rentrer faire déjeuner les enfants mais j'ai ton numéro, je t'envoie mon adresse ! Tu peux venir demain ? D'accord ? Suis contente de te savoir ici tu n'as pas idée, je me sentais seule !

— Moi aussi ! Moi aussi... À demain alors !

Alors comme ça je n'ai pas disparu.

En sortant du supermarché je gambade, non je n'ai pas perdu ma vie d'avant, non, j'existe encore. Je change un peu, c'est tout, mais le passé ne s'est pas envolé quand j'ai changé de voie. Je n'ai pas vécu pour rien. Bon sang ça fait du bien. J'ai mille idées de nouveau.

Je remonte dans ma camionnette, un nouveau chant monte à mes lèvres : « *Stayin' Alive...* », je file vers le centre-ville livrer une petite boutique avant de retrouver Romain.

Mireille, la marchande, ne m'a vue que deux fois mais me colle sur chaque joue un gros bisou, en camarade.

— Tiens, Vadim, dis bonjour à la dame.

Une petite tête brune me tend de grands yeux ronds. Un petit garçon mince, enfant bourgeon, lève les bras vers moi pour me faire un bisou.

— Elle travaille avec Romain, la dame, à la ferme du Plessis, tu sais, tu te souviens quand Romain il t'avait emmené là-bas, voir les moutons, cet été ?

— Oui. Avec les chèvres tu travailles ? dit l'enfant dans un fort accent bordelais.

— Oui, avec les chèvres.

— Et tu les vois tous les jours les chèvres ?

— Oui.

— La chance. Et dans la forêt ? Tu vas dans la forêt aussi ?

— Oui. Oui parfois. En rentrant du travail.

— Tu te baignes avec les têtards ?

— Ben non parce que là c'est l'hiver, mais cet été peut-être.

— Ben t'as pas de chance parce que les têtards, c'est le paradis. Hein Mamie, dans le ruisseau les têtards, c'est le paradis !

— Mais maintenant aussi, tu sais, c'est le paradis.

D'un coup d'un seul il fait beau. Je ne sais pas s'il s'est arrêté de pleuvoir, il fait beau, c'est tout.

LA BALEINE

« Tu verras c'est très joli comme restaurant, et délicieux ! » m'a assuré Romain.

Je le retrouve à L'Esprit du Sud, un bistro où l'été il doit y avoir une jolie terrasse, au beau milieu d'une zone industrielle dévorée de ronds-points, moisie de bâtiments de tôle aux lettres géantes et un bruit de route pour couvrir le tout. Tant pis. C'est aussi ça, la campagne. Sur la route de son entrepôt, je passe toujours devant Le Liberty, boîte libertine comme son nom l'indique. On dirait un cinéma de province, avec son parking. J'imagine de grosses vieilles cuisses pâles et du latex sale. Un gaillard rougeaud, la lèvre grasse, qui baise parce que ça l'occupe, qu'il ne sait pas à quoi penser d'autre. Le libertinage, me dis-je, c'est la liberté pour les paresseux.

Et la passion amoureuse, une aventure au rabais ? Il me manque mais je ne veux pas y penser. J'ai des promenades, des découvertes, des « oh ! Que c'est beau ! » qui m'attendent. Je ne veux plus rabougrir mes jours à cette obsession : être deux. Il me semble que ça nous a tous rendus imbéciles de ne plus courir qu'après l'amour et les façons de l'obtenir. Une société en seconde B. Sans même le rêve de monter un groupe de rock. Ça nous a volé les autres, le culte du couple. Devoir séduire. Être désirable, conforme aux instructions. Ça nous a volé l'amour universel, celui qu'on doit même aux courgettes. Ici je ne me sens plus seule.

Je gare ma camionnette devant le restaurant. Traverse la salle blanche avec des paysages de mer au mur où Romain, toujours à l'heure, m'attend, et passe aux toilettes me laver les mains : tenter d'enlever le noir sous mes ongles, épousseter mon jean couvert de terre. Coincée entre le lavabo et le sèche-mains, tandis que je recueille entre mes paumes de l'eau fraîche pour m'en passer sur le visage, mon téléphone sonne. C'est lui ? Non. C'est mon professeur de maraîchage : « Bravo vous avez eu 16 sur 20 ! » Je n'en reviens pas, me souris dans la glace, sautille sur la pointe des pieds.

Zut je me suis menti : j'ai envie qu'il m'appelle. C'est quand je suis heureuse qu'il me manque le plus. Je me reprends, respire avec le ventre… Oui, ça va aller.

— J'ai hésité, m'explique Romain en tirant la table pour que je me glisse sur la banquette, on aurait pu aller à la pizzeria aussi, mais bon j'en ai marre des pizzas, en centre-ville il y en a six, et trois boulangeries ! Ici, c'est plus local.

Et de me raconter qu'une des six pizzerias a été ouverte par un ancien SDF. Romain et son père lui avaient vendu à crédit pour quasi rien du tout une vieille caravane, pour qu'il y loge avec sa mère. Depuis qu'il est sorti d'affaire, il les rembourse en pizzas, chaque vendredi toute la famille vient se servir, pour presque toute la vie. « C'est pratique, mais ça fait grossir ! » rit-il derrière sa carte.

Le menu est à 14,50 euros. Ouf. Ma banque laissera passer, j'espère. À mon arrivée, Brigitte m'avait donné trois cents euros pour quinze jours. Je les avais dépensés en une heure, avec deux fauteuils en rotin que je trouvais jolis dans une brocante. Je les avais mis dans ma chambre, pour avoir une chose que j'aime. Mais j'en ai rapporté un. J'ai fait mes calculs. Il faut bien un jour apprendre à compter. Une amie psychanalyste m'a dit que vouloir compter, oser compter, c'était aussi oser compter pour les autres, être aimé. Qui sait, c'est peut-être vrai.

Des hommes en costume, des femmes en tailleur entrent avec des airs importants, une famille avec des grands-parents. Une femme sexy ôte son manteau, dévoile un pull dénudé dans le dos, un dos entièrement tatoué tandis que son mari, sexagénaire chauve en blazer, un brin Eddy Barclay d'aire d'autoroute, tient sa main fièrement sur ses reins.

— Tiens, eux, ce sont tes voisins !

— Qui ça ?

— Eux, là, le chauve et la fille tatouée, ils habitent la ferme qu'on voit depuis le champ de carottes.

— Ah bon ?

— Oui, lui, il est dentiste, il a son cabinet en ville, et elle, elle fait les tableaux, là, que tu vois aux murs.

— Mais non !

— Mais si. Tu croyais quoi, qu'ici on est tous paysans ?

— Non, rien…

Ils ont l'air heureux. Moi aussi. Parler enfin avec Romain, pas chanter « Oh Macumba » devant des légumes apeurés. Il va m'aider.

— Romain, tu sais quoi ?

— Quoi ?

— J'ai eu 16 sur 20 en maraîchage ! Plus que deux examens et j'aurai mon brevet ! Je pourrai acheter moi-même des terres !

— C'est pas vrai ! Té ça me fait plaisir !

Il l'est. Devient bavard comme une pie, me parle de ses premiers pas, à lui. Il s'est lancé tout seul dans le maraîchage, les fraises, les tomates, les aubergines, les pommes de terre et les carottes. Tout seul. Sur la parcelle d'un terrain voisin, avec son dossier à soumettre à la Chambre d'agriculture, il a même construit sa première serre. Il balaye mes compliments d'un « bah, on te conseille, tu fais des erreurs, tu apprends sur le tas... La seule chose : on plante une graine, elle pousse. Après, comment elle pousse, c'est ça la question ! »

Je l'assaille de questions, justement, sur tout, ce qu'il compte faire de ses déchets, des tuyaux en plastique qui courent le long des plants pour l'arrosage, si l'on ne pourrait pas trouver un moyen, plutôt que de laisser périr de faim et de soif les moineaux qu'il piège chaque jour – « ah vraiment ? Vous n'avez plus de moineaux à Paris ? Ici on en a trop ! » – de les faire « monter » à Paris. Il rit, mais il m'écoute aussi, de plus en plus. Il ne faut pas abandonner ton projet, j'y crois moi ! Seulement, il faut faire ça sérieusement. »

J'en dévore tout le pain. Il me parle de la terre. Celle dont nos ancêtres ont décidé de baptiser notre planète, sans savoir qu'elle était la seule à posséder cela : une chose brune ou rouge ou dorée qui est la vie et qu'on peut prendre entre ses doigts.

— Quand j'étais petit, explique-t-il devant un foie gras qui me fait envie – mais je sais que les oies sont martyrisées, que rien qu'apposer un petit bout de plastique au bout du tube qu'on leur enfonce dans l'œsophage pour leur faire un peu moins mal a été refusé, trop cher ! –, les gars de Monsanto, les représentants de commerce, pour montrer à mon père que c'était pas dangereux leur truc, ils avalaient un bouchon de Round-up, à chaque vente, ils disaient : « C'est bon pour la santé ! »

Il me dit ça avec un rire glacé, et je me demande : où gît-il, le corps de ce dingue, six pieds sous terre mais certainement pas dévoré par les asticots. Il doit être dédaigné par les vers, encore acide, vert peut-être, ou fluorescent.

Depuis, des centaines de milliers d'agriculteurs en Inde et ailleurs ont suivi son exemple : mais eux, c'est toute une bouteille qu'ils ont bue, pour se suicider. Trop endettés à force d'avoir été contraints à acheter des graines modifiés et des pesticides hors de prix.

Romain continue :

— Si on fait des tests, à plein d'endroits on trouve un taux de glyphosate dix fois supérieur à la moyenne autorisée, tu sais. Je les ai faits, moi, les tests, je le sais. Mais les gens, ils ne veulent pas savoir. Ce n'est pas biodégradable, cet herbicide ! Alors que c'est le plus utilisé au monde ! Ça s'accumule, ça devient un acide qu'on retrouve partout dans l'environnement. Et ça immobilise les minéraux. C'est pour ça que souvent les blés sont plus petits. Pour que ça ne leur demande pas trop de force de pousser. Ils sont trop fragiles. Les graines sont couvertes d'antibiotiques, de produits chimiques, et pourtant, aux États-Unis, au Brésil, on voit des sojas qui s'effondrent d'un coup, on appelle ça le syndrome de la mort subite. On ne plante plus, on gère de la fausse nourriture.

Je me rappelle Pierre, effaré de voir des collègues donner des graines bourrées d'antibiotiques à leur bétail. « Les groupes d'alimentation animale, m'avait-il dit, ce sont aussi des groupes pharmaceutiques tu sais ! » Non, je ne savais pas.

Romain ne peut plus s'arrêter, continue devant une cuisse de canard :

— La terre est morte, tu sais ! Tu connais Claude Bourguignon ? C'est mon idole. Il était ingénieur agronome, il a quitté l'INRA, parce qu'il disait déjà dans les années quatre-vingt que la terre se dégradait, qu'il n'y avait plus de biomasse, de champignons, de bactéries, de vie à cause des pesticides. Entre 1950 et aujourd'hui, on est passés de deux tonnes de vers par hectare à même pas cinquante kilos… Et c'est les vers qui remontent les nutriments ! Tous les champs que tu vois, c'est des déserts. De la terre morte. Qui s'érode comme rien.

— Je sais, oui. Je sais j'ai vu la vidéo où il explique que tous les vers de terre réunis font le même poids que tous les autres êtres vivants ! Qu'en un siècle d'agriculture intensive on a multiplié par deux les déserts.

— C'est effrayant, hein ? En 1915, la terre, elle était occupée à 15 % par l'homme, 15 % de la surface terrestre, et aujourd'hui ? Devine ?

— 80 ?

— Presque : 77 ! Rien que ce matin, j'ai lu dans le journal, un de tes collègues, tiens, il disait texto : « Il faut réduire les émissions de gaz à effet de serre de 25 % », et tu sais comment il le concluait son article ? Il disait comme ça : « Eh ben c'est fichu d'avance ! » Tu te rends compte ?

— Oui.

— Alors qu'on les a, les solutions. Moi rien qu'avec les plantes que je fais pousser l'hiver pour mon engrais vert, je nourris tellement le sol naturellement qu'après, tu n'as plus besoin de trucs chimiques. Ton sol, il est fort, ta plante est forte. Il y a encore des maladies, bon, je dis pas que c'est magique, mais quand même, quelle bêtise ! On dirait que la nature est devenue notre ennemie, alors qu'elle nous a tout donné pendant des millénaires... enfin bon, je vais m'arrêter parce que j'ai faim et que ça va refroidir. Et puis il faut que je mange vite parce que d'ici que tu m'interdises de manger ma viande...

— Oh...

— Je le sais que tu as raison, va.

— Oui... Romain. Je me disais... Il faudrait qu'on utilise la forêt. Il paraît que c'est le mieux, la sylviculture.

— Mmh. Si on nous la laisse. Il y a un député qui veut faire un grand parc d'attractions pas loin, juste sur le domaine.

Les pots-de-vin les députés les règlements les lobbys la santé l'eau l'avenir de la terre notre nourriture la politique, on dirait que l'avenir se joue ici.

— Mais, reprend Romain, mon père est allé voir la préfecture pour leur dire qu'il ne les laisserait pas nous exproprier.

— C'est vrai ?

— Il était tellement furieux qu'il a renversé le bureau du type qui le recevait, comme ça, il l'a soulevé, et il l'a mis par terre ! Le type lui a dit : « Monsieur, c'est inadmissible ! On n'a jamais vu ça ! » et tu sais ce qu'a répondu mon père ?

— Non ?

— Il a dit : « Eh bé ça, maintenant, vous ne pourrez plus le dire ! »

— C'est courageux.

— Nous aussi on va se battre, on va le faire ton truc, ta ferme pédagogique. Mais bien. Il faut faire un business plan…

— J'ai rencontré une fille qui va m'aider.

— Aller voir les banques, prendre le temps de réfléchir. Toi, à force d'aller faire tes courses au supermarché, on dirait que tu as oublié que les choses prennent du temps, que ça demande des efforts.

Je lui souris : j'ai envie de retourner dans mes cageots, de sentir l'odeur du bois humide, de la terre, de sentir le goût de la carotte sucrée. Lui me parle des tomates, luisantes, joyeuses on dirait même, qu'il vendra cet été. Bientôt nous irons dans la serre.

Une île flottante, un café, et le voici qui me quitte – « ça monte noir, je vais aller rejoindre mon père, on va planter je pense » – et je reprends un café toute seule, avec mes cours de tourisme pédagogique. Quelles réglementations. Les exigences du client.

Je ne veux plus être heureuse toute seule. J'ai plein d'espoir et ça se partage. Alors comme malgré moi je prends mon téléphone, cherche son nom dans mon répertoire et je l'appelle. Je le fais comme en rêve, ce geste, il s'évade de mes mains. D'un coup je ne suis plus dans ce restaurant, je suis ailleurs, les yeux rivés sur ce nom qui s'affiche sur l'écran, mon cœur tonne mon ventre me remonte dans la gorge, oui c'est lui, ça va être lui il y a un drôle d'arc qui nous relie maintenant qui brille entre nos deux têtes, ça sonne, il ne répond pas ? Si, il décroche. J'entends :

— Salut…

La bêtise d'un mot qui n'est rien mais son émotion de l'autre côté du fil, mais entendre rien qu'à son silence, qu'il m'attendait.

— J'allais t'appeler tu sais. Ça va toi ? Tu, tu es tombée dans les bras d'un bel agriculteur ou tu m'appelles pour me dire que tu es désolée… et que j'ai encore une chance ?

— Plutôt pour ça.

On rit de rien, on rit de nos silences, de nos soupirs, de nos mots ratés maladroits, de notre émoi.

— Je voulais, enfin j'ai été bête, je sais, mais ce que je voulais c'était simplement te dire que j'étais là.

— Je sais. Et moi, je voulais te dire que je m'en sors, je m'en sors bien même j'ai eu 16 sur 20 à un examen.

— Ouahhhh…

— Alors tu vois ? Bref. Alors je veux bien que tu viennes me voir pour fêter ça ?

— Eh ben j'arrive !

— Ce serait chouette. J'ai besoin de toi tu sais, quand même.

— Moui…

— Si. Mais je te préviens, je n'interviewe plus Cameron Diaz, je suis en baskets, je suis mal fagotée… j'ai mal au dos… On ne peut pas parler de « sexytude ».

— Ça m'est égal. Tu sais, j'espère, que je sais faire la différence entre la femme que j'aime et une voiture.

Je lui parle de Jonas. Un jour, à Los Angeles, j'étais en voiture sur une quatorze voies – quatorze ! en comptant les deux sens –, j'avais une longue route à faire pour rejoindre une de ces banlieues quadrillées anonymes et je suis tombée par hasard à la radio sur un genre de prêcheur qui parlait du mythe de Jonas dans la baleine. Lorsque Dieu a demandé à Jonas de prévenir la ville de Ninive que ses habitants devaient changer d'attitude sous peine de périr en enfer, Jonas a refusé d'abord, et je le comprends. Il s'est enfui, a pris le premier bateau pour ailleurs, Dieu a envoyé une tempête, Jonas s'est résigné à son sort, a sauté à l'eau, et là boum, Dieu l'a sauvé en le faisant avaler par une baleine, puis recracher sur une plage… et là Jonas a dit oui. Il n'avait pas trop le choix évidemment mais ce qu'expliquait ce pasteur c'est que souvent, le premier acte, c'est le non. Et que le oui qui vient après est beaucoup plus fort, beaucoup plus grand que le oui qui vient d'emblée. Le vrai mouvement du cœur, c'est souvent le second.

— Et toi et moi nous sommes très différents mais la vérité de nous, c'est ce qui vient après, c'est l'envie d'être ensemble, par exemple, malgré tout.

— On a été idiots. Je voulais juste te montrer que j'étais là. Quoi que tu fasses. Enfin presque…

— Tu m'aimes quoi que je fasse ? Tu m'aimes en devenir, tu m'aimes en mouvement ?

— Euh… disons que je t'aime avec tes saisons…

— Tu m'aimes avec des saisons, comme on aime un jardin, tu m'aimes en jardin ! Alors ça c'est le plus beau…

J'en tremble en raccrochant je hurle de joie dans ma camionnette, aimer c'est monter si haut plus beau et frôler les ailes des oiseaux. C'était simple comme ça ? Me sens délivrée mon cœur caillou qui reprend sa tendresse, mes yeux j'en suis certaine ont changé de couleur.

Sur le chemin du retour, je passe voir des serres dont Romain m'a parlé. Un de ses voisins a obtenu, grâce à des subventions absurdes de la PAC, des aides pour monter une gigantesque exploitation de fraises – « Tu verras, m'a-t-il expliqué, les serres sont immenses, avec les primes c'est devenu moins cher d'en acheter des grandes que des petites, tu vas voir si c'est joli ! » Je me perds entre la nationale et l'autoroute, insiste et découvre enfin, au beau milieu d'une forêt rasée, un gigantesque hangar. Gris.

Il pourrait renfermer n'importe quoi.

Il renferme n'importe quoi.

J'entre – « Je suis une amie de Romain... » – on m'ouvre grand les portes : sur des kilomètres et des kilomètres, à perte de vue la terre est nue. À vif. Une plaie brune. Et, au-dessus d'elle, à un mètre cinquante environ, à hauteur d'yeux, sont suspendus des milliers et des milliers de tuyaux en métal blanc, ouverts en deux, sur lesquels on a déposé deux centimètres de laine de verre, puis, des choses qu'on appelle malgré tout des fraises. Des fraises malades, ou pareil, en réanimation, avec des tuyaux qui les parcourent de partout, de l'azote, du phosphore et du potassium, les trois ingrédients basiques, NPK que l'on donne aux plantes. Alors que dans la terre, en plein champ, elles recevraient aussi les fruits de mille particularités géographiques, des minéraux venus du tréfonds de la terre des cadeaux du vent. Là non. C'est une usine. Une usine à fraises. Je repense aux mots de Romain : « Il a eu des subventions pour faire une énorme ferme, alors il a fait énorme, et puis comme ça il vend pas cher, et quand il ne pourra plus, qu'il n'aura plus les aides, eh ben il laissera tomber et prendra d'autres subventions pour faire autre chose de pareil, énorme, mauvais, et tout ça avec ton argent ! Tu payes pour aider des industriels, pas des agriculteurs, ça n'a pas de goût mais les centrales d'achat adorent, c'est pas cher, ça tient bien, mais c'est plein de produits chimiques ! Et tu verras, un jour, ils feront pousser ça sur de la sciure de bois et ils te le vendront en disant que c'est bio ! »

Je m'enfuis de là.

Je traverse des forêts où je suis au bord de m'arrêter pour embrasser un arbre. D'ailleurs je m'arrête. M'approche du premier pin qui vient à moi, enserre le tronc entre mes bras, je colle ma joue contre l'écorce, ses paysages gris jaune ses reliefs mystérieux, je serre le plus fort possible, et je lui promets : on va faire des choses bien, tu sais. Je lui raconte, tout ce qu'on fait de bien, déjà.

Je lui parle de Jadav Payeng, à Java. Il a planté des arbres toute sa vie, cinq cent cinquante hectares, des arbres sur une terre qui n'était plus qu'un banc de sable et, aujourd'hui, les racines ont arrêté l'érosion, l'eau est revenue, et puis les cerfs les tigres et les rhinocéros. Je lui parle de ses copains heureux au Costa Rica, de ces pays qui ne veulent plus utiliser les énergies fossiles, du Pakistan où seize mille bénévoles ont planté trois cents millions d'arbres pour arrêter le désert, du Salvador qui a viré Bayer-Monsanto, du juge américain qui a condamné la firme à verser deux cent quatre-vingt-dix millions de dollars à un jardinier malade.

Avant, à Paris, seules les mauvaises nouvelles m'intéressaient, je cherchais, je crois, un obstacle où me frotter, je crevais d'ennui, d'inutilité. Aujourd'hui non. Je n'aime plus que les solutions. C'est à elles que je veux envoyer mes pensées.

Je lui parle de Makoma Lekalakala et Liz McDaid, deux femmes qui ont réussi à mobiliser la population sud-africaine et fait interdire la construction de dix centrales nucléaires dans leur pays, un contrat de soixante-seize milliards de dollars. Je lui raconte ces vingt-cinq étudiants colombiens qui ont fait condamner leur gouvernement pour déforestation. Des droits qui un jour bientôt, seront écrits noir sur blanc pour protéger la nature. Je lui parle de Stella McCartney, des Chinois qui ont enfin interdit le commerce d'ivoire, qui décimait trente mille éléphants chaque année, de Harry Styles qui pose avec des cochons qu'il embrasse et ça fait vendre, des lundis verts où l'on ne mange plus ni viande ni poissons, qui réduiront les souffrances et les routes et la pollution, je lui dis que même Brigitte Gothière, de L214, assure que « le changement arrive, et vite ».

Et je lui murmure cette phrase de Paul Eluard, lue dans un livre plein d'espérance : « Il y a un autre monde mais il est dans celui-ci. »

Je m'écarte de l'arbre et tombe en arrêt.

Dans la lumière pâle, on dirait qu'une musique s'élève de la vallée : trois pies dans le ciel clair sonnent comme un triangle, de graves et gros nuages passent doucement, contrebasse, et, dans la haie de sureaux et de hêtres, la lumière chante, joue de la flûte traversière, tandis que dans le chêne, le soleil jette un accord éblouissant.

La nature chante. Rit. Joue.

J'en suis épuisée d'émotion, épuisée mais heureuse comme après l'amour.

Allez hop, je retourne à mes champs.

À peine suis-je sortie de la voiture, que, depuis son pré, Gustave pousse des grognements joyeux.

— J'arrive ! Gustave, j'arrive, mais pas tout de suite, je dois faire quelque chose, d'abord !

Le vent est tombé, c'est à peine si quelques feuilles frémissent dans les branchages des hêtres, les herbes sont d'un vert plus doux sous le soleil pâli.

Je vais inspecter les poireaux. Brigitte, est là, en plein dans le champ. On la trouve toujours au hasard, parfois près de l'ancien pressoir, parfois, dans la grange, qui rêvasse après la sieste, son bâton couché près d'elle, parfois on la voit rire toute seule, pour un oiseau. Son béret rouge, son poncho écossais, se penchent sur la terre, en quête de petites bêtes sur lesquelles s'extasier.

Quand je parviens à sa hauteur, je la trouve les yeux fermés, son visage ridé comme les sillons des champs offerts aux rayons du soleil. Elle a noué des élastiques roses à ses maigres tresses, mis du rouge sur ses lèvres, un collier de fausses pierres burlesques, vert, rouge, noir, rouvre les yeux :

— Coucou ! Je fais ma petite promenade quotidienne…

— Vous avez bien raison ! Il va geler, je vais voir comment vont les poireaux.

— C'est bien.

Une fine pellicule blanche humecte mes doigts quand je caresse les feuilles. Je fais mes calculs, combien de terre, combien de paille nécessaire pour lui tenir chaud, je renfile mes gants, pleine d'entrain. Brigitte m'arrête alors que je retourne vers la camionnette :

— Dites, j'ai réfléchi. Je suis contre a priori mais comme ce n'est pas très drôle pour vous ici toute seule je me disais : quand on aura gagné de l'argent avec le gîte, on pourra vous creuser une petite piscine ? J'en ai vu des très belles, écolos, où l'on pourra accueillir des grenouilles.

— C'est adorable, Brigitte, mais ce n'est pas tellement le problème.

— Ah… Alors quel est le problème ? Je vous ai sentis un peu tendus, Romain et vous, ce matin.

— C'est-à-dire que, je crois que vous et moi ne sommes pas très réalistes. Et les rêves, ça se défend avec des réalités, c'est même avec ça qu'on les fabrique…

— Mais pourquoi me dites-vous ça ? Qu'est-ce que vous voulez dire ? Une fois rénovée la maison sera magnifique !

— Oui, oui évidemment. Mais il va nous falloir des sous.

— Ah…

Elle grimace, oscille la tête.

— Un business plan…

— Ouille… La voici qui rentre son cou : Vous croyez ? Jusqu'ici…

— Jusqu'ici l'argent n'était pas vraiment un souci pour vous et tant mieux mais honnêtement, Brigitte, si on y réfléchit vraiment…

— Vous me faites peur. Mais il le faut j'imagine…

Les mâchoires serrées, elle me jette un œil inquiet. Je passe mon bras sous le sien, l'emmène le long des allées, des buttes où les poireaux frissonnent.

— Si on réfléchit le maraîchage, c'est très dur, la maison est quasi à l'abandon…

— Oh… Oh pas tout à fait.

— J'ai dit « quasi ».

— Oui, c'est vrai. Et ?

— Et je ne suis pas très forte, Romain n'a pas beaucoup de temps, et je veux qu'on réussisse, comme ça on pourra convaincre, on pourra changer le système, vous comprenez ? J'ai une amie qui je crois pourra nous aider, il faut que je retourne à Paris, aussi, voir si… enfin, Brigitte, est-ce que vous vous souvenez de *L'Espoir* de Malraux ?

— C'était un grand ami de Maman.

— Certes.

— Il était venu lui rendre visite un été, mais je vivais moi-même dans notre communauté des Cévennes, vous savez…

— Quelle aventure ! Il a fallu avoir du courage !

— Oh ça oui ! Mais moudre la farine, c'était du sport ! La nounou n'a pas supporté elle nous a quittés au bout de deux semaines !

— Vous aviez une nounou ?

— Oui, une Anglaise... C'était le bon temps. On n'avait peur de rien.

— Brigitte, je veux qu'on gagne de l'argent. Qu'on monte un petit business. Pour être forts. On ne peut pas laisser la terre à de gros industriels pourris, je me trompe peut-être mais je crois qu'il faut combattre l'argent par l'argent, et même qu'il n'y a qu'en montrant que c'est rentable de faire du bien qu'on convaincra jusqu'aux derniers des imbéciles. Je ne vous parle pas d'avoir un yacht!

— Ah non ça... autrefois j'avais un fiancé Lord anglais...

— Oui. Vous me raconterez ce soir. Alors je vous explique, *L'Espoir*: il y a les communistes, et les anarchistes, et évidemment ce sont les anarchistes qu'on aime, leur combat est beau, mais les communistes, eux, ils savent qu'il y a un système, qu'il faut s'organiser. À la fin ils perdent tous contre Franco, on le sait, mais n'empêche, vous comprenez ce que je veux dire ?

— Non... Pas du tout.

— Il faut s'organiser! On va s'appuyer sur Romain et on va transformer votre manoir, il est magnifique, vous savez, mais en plusieurs temps. D'abord, on va faire une école, avec des ateliers. Puis un gîte. Puis une ferme pédagogique pour expliquer, toucher le plus de gens possible, vous êtes d'accord ?

— Je ne demande que ça. Mais pas de pétrole!

— Pas de pétrole.

— Je ne vais pas vous surprendre à labourer dès que j'aurai tourné le dos ?

— Mais évidemment que non ! On le sait que c'est mauvais de mettre l'humus sens dessus dessous ! On fera tout en permaculture.

— J'ai soixante-dix-sept ans, je sais, mais je ne suis pas une enfant.

— Brigitte, croyez-moi, sur le fond on est tous complètement d'accord !

— Sur le fond, sur le fond, vous m'inquiétez... Quand on entend « sur le fond » on sait que sur la forme on va se faire emberlificoter... Je peux vous faire confiance ?

— Oui, promis.

— J'ai des choses à apporter, moi aussi, vous savez, j'ai rencontré des gens extraordinaires, lors de mes voyages... Je vous ai raconté qu'un jour, au fin fond de l'Amazonie, j'ai vu des hommes en guérir d'autres à distance ? Par la force de l'esprit ! Ces Indiens sont des gens qui savent que tout acte a une valeur immense, que la moindre chose que vous faites peut avoir une ampleur incommensurable. C'est pour ça que j'insiste sur le pétrole...

Nous cheminons ensemble autour du champ de poireaux, les yeux tournés vers l'horizon.

— Dites, il commence à geler, je vais aller chercher du foin pour pailler. Vous voulez le faire avec moi ?

— Oh oui !

À mon retour, la camionnette remplie de paille, Brigitte lâche son bâton, et nous voici toutes les deux, pitoyables, oui, mais belles aussi je crois, qui faisons des allers-retours entre les plates-bandes. Je finis par me laisser tomber par terre, de la paille plein ma parka mon bonnet ma figure, et je suis là, à terre mais fière devant ce grand tas de foin. Ils doivent être bien là-dessous, les vers et les poireaux, ils auront chaud.

Je me rappelle une phrase de mon ami Édouard, un soir que je l'appelais en pleurnichant encore sur mon amour alors perdu, il m'avait dit : « Ça fait bizarre d'être différent des autres, de se dire qu'on n'aura jamais une famille nombreuse une Audi truc mille un appartement avec une salle à manger mais au fond, on savait déjà qu'on l'était, bizarres. Alors ça fait bizarre, mais ça fait sens. »

Oui. Mes jours m'étonnent. Mais ils semblent évidents. C'est un peu comme tomber amoureux.

Plus tard, c'est la nuit. Je m'assieds éreintée devant une soupe et un morceau de fromage, regarde un film idiot, j'ai hâte des autres, de Paris ce week-end, mais je suis bien. Dans ma chambre toujours vieillotte mais je sais maintenant que ce n'est pas pour toujours, en refermant mes volets, je me sens appelée par le jardin.

Je descends les marches en courant, me glisse en pyjama sous ma parka, enfile des bottes, me plante au beau milieu de la pelouse.

Droit sous la Voie lactée.

À Paris aux plus beaux jours il n'y a que dix étoiles, on est, littéralement comme une étoile morte, loin du monde, à des années-lumière de la réalité : la réalité c'est cette immensité, d'inconnu, de beauté, qui m'apparaît.

Et je ne sais pas pourquoi je lève les deux bras en l'air, façon Goldorak go, prête à rejoindre mon système solaire ma galaxie. Je suis là, habitante de cette toute petite fenêtre allumée sous le toit de cette toute petite maison, seule, microscopique et rien. Du tout.

Mais je suis là !

Je suis là. Je n'ai jamais senti cela si profondément, si intensément, ma présence.

Je suis en vie.

Un rien une poussière mais là. À cet instant. En même temps que la Lune. Là autant que le Soleil. Que la planète Terre. Là tout pareil.

Le café

C'est dimanche on entend les oiseaux j'appuie sur les pédales de ma bicyclette et vlimmm, descends la longue pente, toutes en courbes et bordée de platanes, qui me mène chez Romain. Je me suis levée tôt, Gribouille miaulait pour sortir dans le jardin, j'ai pris mon café dans l'air léger tandis qu'il vadrouillait de bosquet en bosquet d'hortensias.

Mes cheveux s'envolent j'oublie les kebabs et les Leader Price qui font miroiter au loin, entre les arbres, leurs panneaux éclatants, j'offre mes joues au vent, je me fais l'effet de cette jeune fille sur une balançoire dans un film de Renoir, son chapeau s'échappe pour aller courir dans la prairie parmi les marguerites et les peupliers, elle tourne les yeux vers le ciel mais elle regarde dans le vague, enivrée, un sourire flotte sur ses lèvres. Le soleil barbote dans les remous des feuilles.

J'arrive en bas de la pente, tourne à gauche sur un sentier de terre, l'herbe est tendre, pâle sous la gelée. La maison m'apparaît, son toit de tuiles presque plat, ses deux étages de pierre crème recouverte d'un enduit rose qui s'écaille aux fenêtres, ses beaux volets blancs. Je longe la pelouse en demi-lune, passe près d'un haut tas de fumier, plus haut que moi, couleur de terre, dont la chaleur s'élève en fumée dans l'air frais, pose mon vélo contre un muret. J'inspire : j'avale la lumière le ciel clair les fougères, la sève qui fait grimper les arbres. Le paysage a changé déjà, depuis hier.

Les deux épagneuls accourent vers moi, alors, on joue ? J'attrape un morceau de bois, le lance, cours avec eux. Je cours vite. Je cours à sentir mon cœur s'affoler. Ce soir, Djoux sera là, et lui. Je l'imagine, souvent, une minute je me transporte je suis auprès de lui et la seconde d'après, ça va, tout va bien. Je me sens forte de nous deux. Il sera là avec cet autre chien, Nougat, adopté en mon absence, un griffon, bouille de farceur, boule de poils noir et blanc qui, tandis que Djoux couchée dans l'herbe se frottera le dos en poussant des petits aboiements aigus, bondira je le sais comme un cabri la gueule grande ouverte, la langue rose en l'air, un rire de toutes ses grandes dents, heureux pour une branche d'arbre, ébouriffé de joie pour un canard. Il serrera ma cuisse entre ses pattes pour réclamer des caresses en me jetant de ces regards de chien qui me bouleversent. Je n'ai jamais connu enthousiasme plus rayonnant, tendresse plus profonde que dans leurs yeux. La tristesse et la joie mêlée, la profondeur de ceux qui savent. Oh ma Djoux ma tendresse, tu me manques.

Et lui. Bon sang lui aussi me manque.

Vite, jouons. Je cours encore, encore avec les bêtes.

« Welcome », j'essuie mes pieds sur le paillasson, entre sans frapper dans la maison toujours ouverte, remonte le couloir. Un pas, deux, la mère de Romain me hèle de la rejoindre : « On est là ! » Dans la cuisine, ça sent les tartines grillées, il y a des fleurs sur la table recouverte d'une toile cirée à fleurs elle aussi, il y a du café et des chocolats. Tiens, sers-toi !

Ils sont là, toute la famille, assis autour de la table, le père, la mère, les deux grandes sœurs qui ont revêtu leur combinaison verte d'agricultrices – elles se lancent dans le fromage de chèvre –, Romain qui m'attend pour travailler dans la serre. Par la porte vitrée qui donne sur le jardin, on aperçoit une chèvre qui se rue sur la branche basse d'un arbre pour en manger les feuilles : elle pose ses deux pattes avant dessus, saute, appuie de tout son poids, coince la branche sous son ventre, et se retrouve, les pattes presque en l'air. Au début elle est déboussolée, s'agite, la branche tangue sous ses gestes désordonnés, puis on dirait qu'elle s'amuse, qu'elle fait de la balançoire. Une autre chèvre vole à son secours. À deux elles y arrivent, abaissent la branche jusqu'au sol, se régalent de son feuillage.

— Céline, tes chèvres vont tout me manger, je le sens, elles vont tout me manger !

— Mais non, Maman ! Et puis tu verras elles vont être très utiles, on fera un enclos dans les prochaines serres, comme ça on n'aura plus besoin de chauffer quand il gèle, on utilisera leur chaleur à elles.

— Ah, ça, c'est une idée ! – puis, se tournant vers moi : Alors, comment ça va ce matin ? Ton appartement, tu en es toujours contente ?

— Oh oui ! C'est beaucoup mieux ! Et puis il y a de la vie, un café pas loin, en plus je peux profiter du jardin... pour les chiens c'est super, pour Gribouille aussi.

Ce matin, deux mésanges sont venues picorer dans des boules de graisse que j'ai fabriquées. Mon voisin est un noisetier. Je vais planter des fleurs.

— Tu as eu raison de prendre quelque chose en ville. Là-bas, c'était un peu triste quand même...

— Mais c'est beau. Bientôt ce sera bien, je vous assure. On a trouvé quelqu'un pour faire les travaux, avec ma copine d'enfance, vous savez, celle que j'avais croisée chez Leclerc.

— Ah, c'est bien !

La mère de Romain se croise les bras, regarde autour d'elle si tout le monde est content. Ses yeux s'arrêtent sur un pli de la nappe, qu'elle balaie calmement de la main. Elle est de ces femmes apaisantes, la voix posée, le frigo plein, des chaussures de marche pour la promenade, des yeux rieurs, un haut fleuri.

— Et c'est tout à l'heure qu'il arrive ton homme ? Tu veux nous emprunter la voiture ?

— Non c'est gentil, mais je le connais il va vouloir louer un truc de son genre, c'est idiot mais il est comme il est !

— Tu peux, tu sais ! On te la prête volontiers.
— Je sais. Merci beaucoup.

Au début, quand il est revenu, l'homme que j'aime, je l'observais comme de derrière une vitrine. M'approcher, le toucher m'était étrange. Il était là, vivant, normal. Après, brusquement, c'est devenu une trop grande joie, j'en avais la tête à l'envers, des mots jaillissaient de moi, des gestes brusques, de drôles de phrases, puis, soudain, plus rien. Le silence. On se regardait sans rien dire. Il y a des bonheurs qui vous font l'effet d'être passés sous un train c'est trop fort c'est violent ça renverse, des joies qui rendent euphoriques et tristes à la fois.

Plus maintenant. Maintenant c'est la joie comme un nouveau pays. Il dit : « Je veux grandir avec toi. » Je découvre dans son amour une tendresse nouvelle, comme la peau du cou, la blancheur d'un bras. Ce soir, il dormira près de moi. Nos pieds liés comme des racines et moi qui ferme les yeux, qui essaie de sentir chaque point de contact entre nos deux peaux. J'avance contre lui, je grandis moi aussi.

Quand nous sommes loin, quand sa voix est ailleurs au téléphone, emportée par les autres et les musiques et le tintement des couverts les voix d'un restaurant tant pis. Quand le bonheur ne tombe plus tout cru, je me dis eh bien voilà, je reste, je m'attelle à cela : s'aimer malgré les trop les pas assez. Comme en famille le soir de Noël, quand on pose les yeux sur ceux qu'on aime, ceux qu'on entendait trotter autour de notre berceau et qu'on se demande : « Les connaîtrai-je jamais vraiment ? Vais-je passer assez de temps auprès d'eux ? » C'est là, dans ce hiatus entre l'amour et la distance, que je sens que cet amour existe.

Je reprends du chocolat, du café, « en famille ». On parle de Jean-Jacques Bourdin à la radio, des gilets jaunes, des phylloxéras qui ont mangé tout un plant de fraises. Le père de Romain, homme sec au long nez droit, cheveux blancs coupés court sous son béret noir, penche vers moi son visage bruni par le soleil, ses yeux verts brillants, presque d'or, dont le blanc a rougi, me lance :

— Bon, alors tant pis pour cet après-midi ? Tu ne viens pas ? Tu vas rater l'événement ?

— Quel événement ? Il n'arrive qu'à dix-huit heures, je peux venir, qu'est-ce qui se passe ?

— On a commandé cinquante mètres de boyaux de porc, pour faire nos saucisses de l'année ! Tu veux pas venir ? Elles sont sans additifs, c'est du bio !

Et d'éclater d'un bon rire, en attrapant ses clés laissées sur la table :

— Allez, j'y vais, j'ai la grange à construire.

Il est déjà parti. Dans le couloir, on entend rebondir son rire.

— Mais comment ça, une grange à construire ? J'adorerais ça, moi, construire une grange !

— Pas ce matin ! dit Romain, les yeux rivés sur la boîte de chocolats, on a notre programme, il faut qu'on s'occupe des fraises, et puis qu'on termine notre dossier pour la Chambre d'agriculture. On a une école à créer, nous ! Avec une journaliste, j'espère que ce sera bien écrit !

— Oui oui… Je crois que je nous ai trouvé des panneaux solaires pas chers.

Romain se tourne vers le jardin, sourit dans le vague, me lance en plongeant dans sa tasse de café :

— Et Brigitte alors ?

— Ell va très bien ! Hier, il y a trois nouveaux poussins qui sont nés dans le grenier !

Tandis que les filles discutent de leur fête de la veille, un anniversaire, une virée dans Bordeaux, je les observe et me sens étrangement chez moi. Pas parce qu'on partage une enfance, des habitudes, des camarades, ni même pas parce qu'ils débordent de gentillesse à mon égard, mais parce qu'ils construisent, ils tentent ils ratent ils ont fait croître ce qu'ils mangent. Ils sont libres et m'invitent à l'être. Ils inventent un monde.

Je raconte comment, la veille, pour la première fois de ma vie, j'ai vu éclore un poussin. Dans la couveuse, l'œuf avait commencé à se briser, de grandes pattes maigres sont sorties, se lançaient au hasard hors de la coquille, un petit être noir, frêle comme une feuille, a fini par apparaître, épuisé. Il s'est mis à piailler comme un fou, éperdu d'être sur terre, seul au monde. J'ai soulevé le couvercle et je l'ai pris dans mes paumes, vite, sous la lampe chauffante pour qu'il ne prenne pas froid. Il était tout humide encore, et rose entre ses poils de duvet collé. J'ai cherché le bol d'eau et sur son bec, du bout de l'index, lui en ai donné quelques gouttes, encore, encore un peu, allez mon petit, tiens bon. Je suis restée une bonne demi-heure happée par ce poussin fragile, ce cœur tendre battant de vie chaude. Une fois sec, je l'ai rendu au repos de la couveuse. Il tentait un pas parfois, petit bipède maladroit, comme moi, tombait.

— Un poussin à cette période, ça n'arrive pas si souvent, me sourit la mère de Romain. Allez, reprends un peu de gâteau, ça va te faire du bien avant le travail !

Romain fait grincer sa chaise, se lève à son tour :

— Allez, c'est pas tout ça mais il faut qu'on travaille.

Puis, se tournant vers moi :

— Qu'est-ce qu'il y a ? On dirait que tu hésites…

— Non, rien. Je t'expliquerai.

— Bon, de toute façon, à mon avis, on n'ouvrira pas avant un an ou deux. Je te l'ai dit, dans ce métier, il faut faire attention : ce métier, on peut en vivre, mais on peut aussi en mourir.

Nous sortons de la maison, je referme mon blouson, les chiens reviennent gambader autour de nous sur le chemin des serres. Nous longeons le nouvel abri des canards, « des cages plus grandes, tu seras contente, ils seront comme au Ritz ! »

Créer sa vie, marcher sur une terre épaisse de verdure, craquelée, surprenante.

— Tu as vu le fumier que je suis allé chercher ?

— Oui.

— Mais tu n'as pas regardé vraiment, si ? Attends, je vais te montrer.

Nous revenons en arrière, Romain ôte son gant, attrape un morceau d'engrais, l'étale de son pouce sur sa paume :

— Regarde ça, comme c'est beau, il y a de la fiente, pas mal de paille, des déjections, ça va c'est pas sale, tu peux toucher, c'est sec – j'en prends aussi, le passe sous la pulpe de mes doigts. – Tu vas voir, dans la serre, ça fait des champignons de partout ! C'est la vie ! L'autre jour, j'ai même vu une souris, c'est bon signe !

Le soleil s'est levé le roux des fougères est plus vif. Nous marchons.

— Et je vais te montrer, j'ai aussi tenté un truc, de ta permaculture, là, j'ai planté des petits pois au milieu des pommes de terre, on va voir ce que ça donne !

Je me rappelle le visage d'une rescapée d'un incendie près d'Athènes, l'été dernier. Une femme dans un canot, la nuit, serrant son chien contre elle. La bretelle de son maillot de bain tombée sur une épaule, l'effarement réfugié dans ses cheveux gris, collés et dressés tout à la fois sur son crâne, un paréo taché de suie enroulé sur ses hanches, la vieille femme était assise sur un boudin du Zodiac, les yeux fixés sur la côte illuminée dans le noir. Ou, plutôt, elle ne regardait rien. Ces yeux avaient été comme dévorés par les flammes. Elle tenait son petit chien serré dans ses bras et seul lui continuait de la voir, d'espérer. L'espoir tenace de l'animal. De la nature. L'espoir, incroyable, d'une graine perdue échouée au beau milieu d'un trottoir, et jusque chez nous, à Bayonne, un immense arbre qui a poussé sur presque rien, une dalle, et ma grand-mère qui me disait en l'admirant du haut du premier étage : « Je n'ai pas le cœur à le couper il a tant de courage, je voudrais bien savoir jusqu'où il grimpera. » Jusqu'au cinquième, grand-mère. Jusqu'au cinquième et nous l'avons à peine taillé.

Tout homme, me semble-t-il, est comme cette graine. Un aventurier, un ingénieur, un bâtisseur. Vivre parce qu'on a des bras, des doigts, des mains, des pieds. Ici, je me sens comme cela. J'en éprouve un vertige, tout me semble possible, la vie s'est rallumée.

— Dis, Romain, il faut que je te dise un truc.

— Dis-moi…

— Hier, il y a un éditeur qui m'a appelée.

— Pourquoi ? Tu veux écrire un roman sur moi ?

— Presque. Il a appris que j'avais quitté le journal pour me lancer dans l'agriculture, il voudrait que je raconte ma nouvelle vie. Le problème, c'est que c'est encore tout frais, tout ce que je peux raconter c'est à quel point c'est dur, à quel point j'aime ça mais à quel point c'est dur. Mais je me suis dit, avec un livre, je suis un peu un passeur, comme je voulais l'être, je vais peut-être pouvoir expliquer à plus de gens pourquoi il faut changer notre manière de vivre, leur dire que c'est possible, à mon frère, à mes amis qui ne me comprennent pas. À d'autres aussi qui sait… Après… je ne sais pas où ça va me mener.

— Qui sait où la vie le mène ? Tu verras ! Mais tu ne vas pas rentrer à Paris, si ?

— Non, je garde un pied là-bas, un autre, ici.

— N'abandonne pas ton projet. Elle est bien cette idée, je pense vraiment que c'est l'avenir, ce genre de fermes, de relier le monde paysan et les villes.

— Non, je n'abandonne pas ! Il y a Brigitte en plus. Mais j'ai une amie qui va me remplacer quelque temps.

Les pigeons font des ronds dans le ciel bleu pâle où voguent des nuages épars, se séparent, se rejoignent, un tour et filent plus loin.

— Et si ça fait trop de choses à la fois, si je me plante ?

— Eh, c'est ça l'agriculture, on se plante, on recommence, c'est la vie c'est pour ça que c'est beau, et après, ça fait de belles surprises.

— Tu comprends, j'aime être dans les serres, dans les champs, mais toute la journée… et pour mon dos… Ça me passionne mais c'est trop rude.

— C'est très dur. Très très très dur. Plus personne ne veut travailler comme ça, être accroupi sur la terre… C'est très cher en main-d'œuvre… Ou en machines.

— Tu crois que je me suis menti ?

— Non, tu fais un chemin, voilà. On n'est pas obligé d'être ultra performant, c'est toi qui le dis tout le temps, qu'on veut faire de l'agriculture intensive avec nos vies ! Eh ben voilà, toi, tu tentes un peu de tout, tu fais ta petite permaculture personnelle !

— Voilà. Je sais que je vais continuer ce chemin, je ne vais pas tout droit, c'est tout… Mais comment je vais le finir, ce livre ?

— Tu n'as qu'à le finir sur notre petit café de ce matin. C'est bien, de finir sur un café le matin, c'est le début d'une journée, le début d'une aventure.

La serre

Des nuages s'amoncellent au galop au-dessus de nous alors que nous pénétrons la serre, bordée de gouttes de soleil, des pissenlits surgis dans la nuit. Dans la porte entrouverte, la brise se glisse en voleuse, Romain referme le loquet alors qu'elle s'éteint dans une boucle de mes cheveux.

J'enfile mes gants, m'agenouille près d'un plant de fraises. Des gouttes de pluie, une, deux, des dizaines s'abattent sur le toit, invitent à se taire un instant, puis, cela cesse, le ciel se fait doux, flou derrière les pans translucides. On respire un air humide, épais. Dehors, un oiseau reprend son chant.

Un reste de pluie dans les gouttières ruisselle à mes oreilles, mes oreilles vides, sans le fardeau des mots des radios des fanfares, trois gouttes d'eau et le chant des oiseaux qui s'éparpille dans les rangées, tandis qu'une lente mécanique ouvre un pan du toit. Dans le pépiement du silence – un insecte chemine, une feuille tombe – je me glisse de feuille en feuille, m'y coule, les plants de fraises respirent sous mes doigts, leur vert profond me rappelle les sous-bois alpins, le violet du fond des mers. Ma main coulisse entre la terre et les limbes les plus basses, se ferme sur les feuilles bordées d'ambre, les fait osciller délicatement jusqu'à ce que, d'elles-mêmes, elles s'abandonnent entre mes doigts.

Un soleil muet, monacal, me réchauffe doucement maintenant à travers les toits, une mouche cherche son chemin, trouve repos sur ma main, chatouille de flocon de neige, baiser de papillon, remonte le long de mon bras, vers le coude, reprend son vol. Ce sera tout pour le brouhaha.

Je suis heureuse comme un chat dans un petit jardin de province au soleil. Je me laisse aller aux jours. Ma vie calme, dénudée, semble enfin porter son fruit.

Plus tard, je plante des haricots, saisis trois minuscules osselets roses, météores miniatures, cabossés de cratères comme la Lune, les plonge dans un bol d'eau tiède, les enfonce dans la terre avec mon index, pas profondément, les recouvre de matière noire.

Bientôt, on en ramassera des kilos, on les vendra, on fera des ateliers, j'ai l'impression de m'atteler à la construction d'une œuvre immense, Notre-Dame de Paris. Je m'emballe : un jour tout ça donnera des bénéfices, je rénoverai l'aile gauche de la maison de Brigitte, je vois déjà la couleur des carreaux de la piscine, j'entends nager mon amoureux, m'arrête. Penser à demain rabougrit aujourd'hui, je ne veux pas avoir fini.

Demain, tout ça me manquera. Chut.

Que vais-je faire de cette journée ? Rien qu'une chose ronde, pleine, une bulle de savon mais lourde, dorée, qui flotterait doucement dans l'espace, une flamme sans bougie, chaude et douce comme quand on passe son doigt et qu'on dirait caresser le feu, une chose qui se mange, qu'on garde longtemps en bouche, en souriant comme un chat, des yeux, du nez, du front, puis qu'on avale goulûment. Voilà mon jour. Je le caresse, je le polis, je le mange.

Romain a raison : laisser au temps ses surprises, laisser les plantes, les chèvres, le cochon mais aussi les rues de Paris d'autres vies tisser avec moi ce chemin, le rendre fort comme un chêne, doux comme la courbe d'une colline, évident comme plonger sa main dans un ruisseau d'eau claire, plonger dans la mer.

Deux bourdons surgissent, manquent de me piquer ; on a installé des ruches pour polliniser les fleurs de tomates. L'un d'eux reste voleter autour de ma tête, drôle de tête, deux inconnus, nous nous regardons, ignorants l'un et l'autre des grandes affaires de notre vie. En Écosse, une libraire a adopté un bourdon né sans ailes, il venait, chaque jour, se hisser dans sa paume et s'y blottir en émettant des sons qui semblaient dire merci, cela a passionné quelques scientifiques : l'insecte a-t-il des émotions ? J'ai hâte des humains de demain, ceux qui comprendront mieux. Il paraît que Néandertal était plus instinctif, qu'il avait des fulgurances, une façon plus animale, animiste si l'on peut dire, d'aborder l'univers. Il doit bien nous en rester un peu.

Plus loin, les plants de tomates se dressent vers le ciel. Leurs feuilles sont couvertes d'une pellicule dorée, presque fluorescente, saupoudrée tout le long de leurs tiges également, comme si l'on avait passé un glaçon, de l'eau qui miroite au soleil. Sur ma peau cette poudre, cela devient du cuivre, à côté des plantes j'ai l'air d'une statue, mes mains teintées ridées par le soleil et le vent.

Je murmure : « Je reviendrai, vous savez, je ne vous abandonne pas, ne m'oubliez pas vous non plus, je ne sais pas comment exactement, mais je ne pars pas vraiment. J'ai trop besoin de vous. »

Aïe, un truc m'a piquée ! Je me lève, secoue ma main douloureuse, la serre fort dans l'autre, sautille sur une jambe, sur l'autre, serre les dents, les épaules, ça va, ça passe, ça passe… je me rassieds au creux de ma rangée, replonge dans les feuilles.

Un jour, un ami parti sur le chemin de Compostelle m'avait dit que le bonheur, c'était comme marcher sur les plateaux de l'Aubrac au mois de mai. C'est étourdissant, partout des jonquilles, partout et pourtant, on pose un pied et boum : on est trempé. La terre est gorgée d'eau. On avance les pieds glacés, ébloui.

Remerciements

Merci du fond du cœur à Pierre et Katel, Rivka, Paul-Émile, Mélanie, Elsa, Didier et Laurent, à Claude, Hitch et Hercule, et toutes les Tarines, aux Alpes, de m'avoir accueillie parmi eux. Quel bonheur attention je suis sur le chemin du retour, j'arrive !

Un immense merci également à Thomas, Luc, Patricia et François. À Alicia et Typhaine, à Brigitte, à Véronique, Leslie, à ma chère Christine et à la Ferme Européenne des enfants pour leurs ateliers.

Merci à Jean, Valérie, Bruno et tous les agriculteurs et amoureux de la nature qui m'ont guidée.

Merci à mes professeurs du BPREA, Stéphanie, Edwige, Jocelyn, Guillaume, Jean-Hervé et tous les autres du lycée agricole du Robillard. Et aux camarades qui m'ont encouragée, Pierre, Émilie, Vincent et tous les autres.

Merci à mes héroïnes : Brigitte Gothière fondatrice de L214, Claire Nouvian de l'association Bloom et du mouvement « Place publique », Valérie Cabanes du mouvement End Ecocide on Earth, Vandana Shiva, Jane Goodall, Stella McCartney, Marie-Monique Robin, Chai Jing et tant d'autres.

Merci à Guillaume Robert d'avoir eu l'idée de ce livre et d'avoir toujours été d'un enthousiasme exaltant, ainsi qu'à Claire Le Menn pour sa relecture bienveillante (avec dessins !).

Merci infiniment à Sandra Basch d'avoir pris le temps de pencher son regard si tendre et pétillant sur chacun de mes mots.

Merci à Olivia de Lamberterie de m'avoir toujours encouragée comme personne et de m'avoir dit : « Raconte ce que tu vis ! »

Merci à Édouard Dutour, mon merveilleux ami pour la joie qu'il m'a faite en s'écriant : « C'est super ! Et pourtant, moi, l'agriculture… »

Merci à Elizabeth Gilbert de m'avoir écrit : « *Life is messy, my love !* Dans la vie les fins ne sont jamais aussi parfaites que dans les livres, il faut des livres qui disent la réalité de la vie. »

Merci à Nathalie, Erin, Sophie, Brune, Genève, Marion, Sylvia, Flavie, Manou.

Et à Katell ainsi que toute l'équipe du magazine *ELLE* pour leur amitié qui m'est si chère.

Merci à Martin, Émilie, Éva, Émilie, Sarah, Laurence, Libby, Delphine, Elsa, Nicolas et Camille, Léa, Chantal, Claire, Benjamin, Laure, Henri,

Raphaëlle, Gini, Maxime, Virginie, François-Jérôme, Raphaël, Clémentine et tous les autres.

Merci à mes fantastiques frère et sœurs, Paul, Caroline et Béatrice, à ma mère et mon beau-père, Marie et Per, à tous ceux qui sont là, et à tous ceux qui sont au-delà, mon père Jacques, mes grands-parents, Paul et Françoise, à Yvonne, à Paul, pour ce qu'ils m'ont apporté.

Merci surtout à Lionel S., mon amour, pour ses relectures passionnées, et pour avoir accepté d'apparaître dans ces pages. Je n'aurais jamais fait ce chemin sans toi.

Et je dédie ce livre aux trois formidables garçons de mon fiancé, merci pour votre fraîcheur, votre intelligence et votre profonde gentillesse (et pour m'avoir appris à jouer au Uno !),

À mes filleuls Melvil, Camille et Victoria,

Et à mes merveilleux neveux, Julien Anatole Aurore Margot Félix Violette Pierre et Zoé, dont les noms signifient le jour qui se lève, les marguerites et le bonheur, les violettes et les montagnes et enfin, la vie. Je crois et espère fort en vous, en attendant on est nombreux à tout faire, en grand et en petit, pour vous laisser une planète extraordinaire.

BIBLIOGRAPHIE

Lydia et Claude Bourguignon, *Manifeste pour une agriculture durable*, Actes sud, 2017.

Valérie Cabanes, *Homo Natura, en harmonie avec le vivant*, Buchet Chastel, 2017.

Sue Donaldson et Will Kymlicka, *Zoopolis, une théorie politique du droit des animaux*, Gup Oxford, 2011.

Masanobu Fukukoa, *La Révolution d'un seul brin de paille*, Guy Trédaniel Éditeur, 1975.

L214, *La Face cachée de nos assiettes*, Robert Laffont, 2019.

Bénédicte Manier, *Un million de révolutions tranquilles*, Les Liens qui libèrent, 2012.

John Muir, *Célébrations de la nature*, José Corti, « Bibliophilia », 2018.

Corine Pelluchon, *Les Nourritures*, Seuil, 2015.

Babette Porcelijn, *Notre empreinte cachée*, Seuil, 2018.

Élodie Vieille Blanchard, *Révolution Végane*, Dunod, 2018.

Frans de Waal, *Sommes-nous trop « bêtes » pour comprendre l'intelligence des animaux ?*, Les Liens qui libèrent, 2016.

Cet ouvrage a été mis en page par IGS-CP
à L'Isle-d'Espagnac (16)

CET OUVRAGE
A ÉTÉ ACHEVÉ D'IMPRIMER
SUR ROTO-PAGE
PAR L'IMPRIMERIE FLOCH
À MAYENNE EN MAI 2019

N° d'édition : L.01ELKN000738.A002. N° d'impression : 94472
Dépôt légal : mars 2019
Imprimé en France